THE ANTISOCIAL NETWORK
The GameStop Short Squeeze and the Ragtag Group of Amateur Traders That Brought Wall Street to Its Knees

傻 钱
社交浪潮与散户革命

Ben Mezrich
［美］本·麦兹里奇 著
徐云松 冯毅 译

中信出版集团｜北京

图书在版编目（CIP）数据

傻钱：社交浪潮与散户革命 /（美）本·麦兹里奇著；徐云松，冯毅译 . -- 北京：中信出版社，2024.8
书名原文：THE ANTISOCIAL NETWORK:The GameStop Short Squeeze and the Ragtag Group of Amateur Traders That Brought Wall Street to Its Knees
ISBN 978-7-5217-6055-2

Ⅰ.①傻… Ⅱ.①本… ②徐… ③冯… Ⅲ.①股票市场－研究－美国 Ⅳ.① F837.125

中国国家版本馆 CIP 数据核字（2023）第 208980 号

THE ANTISOCIAL NETWORK: The GameStop Short Squeeze and the Ragtag Group of Amateur Traders That Brought Wall Street to Its Knees by Ben Mezrich
Copyright © 2021 by Mezco, Inc.
Simplified Chinese translation copyright © 2024 by CITIC Press Corporation
ALL RIGHTS RESERVED
本书仅限中国大陆地区发行销售

傻钱：社交浪潮与散户革命
著者： ［美］本·麦兹里奇
译者： 徐云松 冯毅
出版发行：中信出版集团股份有限公司
（北京市朝阳区东三环北路 27 号嘉铭中心 邮编 100020）
承印者： 嘉业印刷（天津）有限公司

开本：880mm×1230mm 1/32　　印张：9.75　　字数：181 千字
版次：2024 年 8 月第 1 版　　印次：2024 年 8 月第 1 次印刷
京权图字：01-2024-0346　　书号：ISBN 978–7–5217–6055–2
定价：68.00 元

版权所有·侵权必究
如有印刷、装订问题，本公司负责调换。
服务热线：400-600-8099
投稿邮箱：author@citicpub.com

献给阿舍和阿里娅，
新冠疫情暴发前他们几乎天天泡在博伊尔斯顿的游戏驿站里

献给巴格西，
他总是陪在她们身边

目 录

前　言　III

第一部分

第 1 章　梅尔文资本的溃败　003

第 2 章　孵化的沃土——WSB 论坛　009

第 3 章　散户领袖之星升起　020

第 4 章　装进口袋的华尔街　031

第 5 章　我们的目标是"金融民主化"　046

第 6 章　孕妇的踌躇　058

第 7 章　基思找到了盲点　068

第 8 章　冒险就是最好的选择　080

第 9 章　单亲母亲应声下场　091

第 10 章　选定目标梅尔文资本　098

第 11 章　让胜利成为一种习惯　106

第二部分

第 12 章　游戏驿站起死回生　119

第 13 章　大卫怒战歌利亚　124

第 14 章　胜利才刚刚开始　132

第 15 章　一切尽在掌握中　143

第 16 章　风暴越来越大　155

第 17 章　埃隆·马斯克的复仇　163

第 18 章　梅尔文资本断臂求生　174

第 19 章　城堡投资趁虚而入　183

第 20 章　跟风而入买在高点　194

第 21 章　华尔街的反击　201

第 22 章　背叛用户的罗宾汉　212

第三部分

第 23 章　举国热议　225

第 24 章　及时收手逃过一劫　237

第 25 章　何去何从　249

第 26 章　稍纵即逝　256

第 27 章　国会听证会——

"我们的一切合情合法"　259

第 28 章　国会听证会——

"我没有欺骗任何人"　279

第 29 章　全身而退的幕后胜者　284

后　记　291

致　谢　295

译后记　297

前　言

　　这是一部针对华尔街历史上一个极为独特的时刻进行戏剧性描述的作品，基于数十次采访、诸多一手消息、数小时的证词和数千页文件，其中还包括一些法庭诉讼记录。虽然故事中的某些事件存在一些不同或有争议的观点，但我尽己所能，根据自己发现的信息在书中重现了当时的场景，其中一些对话已经做了重构。出于保护隐私的考虑以及消息提供者的要求，我对某些事件的描述和角色名称进行了更改。

　　多年来，我在美国波士顿博伊尔斯顿的游戏驿站销售店花了不少时间。毕竟，当时20多岁的我是个电子游戏迷，在《吃豆人》和《大金刚》时代长大，我11岁的孩子可以说出《堡垒之夜》和《罗布乐思》中每一个角色的名字。但老实说，我从来没有想过会写一本和这个公司有关或者至少是和公司股票有关的书。就像世界上许多在新冠疫情最严重时期被困在家里的人一样，我在2021年1月25日那一天目睹了市场最为动荡的时刻，感觉既惊讶又好笑。毫无疑问，发生了戏剧性的事情——一个大卫对抗歌利亚的故事。故事的主角是一群由业余投资者、游戏玩家和键盘侠组成的乌合之众，他们与华尔街某大型对冲基金展开了较量。但在更深入地研究这个故事后，我才开始意识到这件事意义重大。我们戴着口罩，在与社会隔绝的居所的隔离床上看到的东西，只是这场革命的第一枪，而这场革命可能会颠覆我们对金融体系的传统认知。

我了解得越深入，也就越相信：这场在2021年1月28日发生的，将游戏驿站（GameStop）股票价格推高至500美元/股盘前高点的斗争，其源头可以追溯到"占领华尔街"运动甚至更早。当时人们对大银行以及上一次经济危机所引发的浩劫的愤怒，演变成了意义不大的抗议和静坐。与此同时，游戏驿站的崛起也可以被视为一场民粹主义运动的高潮，这场运动始于社交媒体与不断简化且日益民主化的金融门户网站的融合。金融门户的民主化削弱了支撑旧金融体制的支柱，其代表是该行业最大的新贵罗宾汉公司（Robinhood），以及其数以百万计的千禧一代信徒。

在我看来，可以肯定的是，这次事件打响了反对华尔街革命性的"第一枪"，而这仅仅是一个开始。这股反抗力量来自普通民众，来自几个街区外一名业余交易员的地下室。那些曾经保护西装笔挺的金融精英们不受乌合之众伤害的旧世界的支柱，似乎已不再那么牢固了。伴随着加密革命，一场与其具有相似哲学含义的巨变已经开始。

我们无法得知这种变化会导致什么结果，华尔街将如何应对，以及社交媒体正在释放的东西是否能够得到遏制。但从历史上看，由愤怒引发的革命往往会走上相同的道路。在某些时候，一旦支柱开始摇晃，曾坚不可摧的墙也会不可避免地坍塌。

第
一
部
分

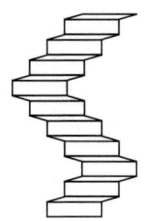

我说有深刻的价值,那就真的有非常深刻的价值。

——基思·吉尔(Keith Gill)

第 1 章
梅尔文资本的溃败

2021 年 1 月 26 日下午 4 点 8 分

麦迪逊大道一栋摩天大楼的第 22 层，一间玻璃墙办公室里，灯光昏暗，十分荒凉、空荡。办公室里的交易柜台一字排开，看上去死气沉沉，就像高科技兵马俑一样，一堆椅子被推到柜台后面，终日闪烁着亮光的彭博终端，现在却是一片漆黑。谁能想到这个一年前还充满活力的地方，这个曾是世界上最强大的、最成功的对冲基金中心之一的地方，现在就像纽约其他摩天大楼里的办公室一样安静。

在 1 200 英里[1]之外，盖布·普洛特金正与某种隐秘的机制紧

---

[1] 1 英里 ≈1.6 千米。——编者注

密相连，该机制由仍在运转的循环系统组成，即蜂窝塔、卫星和光缆。盖布的世界即将走到尽头。

这不可能！

他定制的牛津衬衫早已被汗水浸透，领带就像套在脖子上的绳索，随着盖布飞快加速的脉搏每一次夸张的跳动而上下摆动。他脱下裹在身上的夹克，搭在身后的椅子上，但这并没有什么用。如果他当时坐在麦迪逊大道办公室的桌子前，而不是新冠疫情期间他在佛罗里达租来的房子的卧室里，其身后将是另一番景象：落地窗外夏日炎炎，而他将尽可能把冷气开到最大，办公室落地窗外的景色通常是华尔街银行家的专属之物，尽管由于新冠疫情，当时纽约市中心的环形广场车辆稀少，街道上空无一人，但那番景象仍然令人感到震撼。

此时在佛罗里达，盖布的汗水像溪流一样落下，弄湿了他那图案鲜艳的袜子的接缝处。

不可能！

盖布盯着自己面前的电脑屏幕，他的眼睛湿润了。屏幕上闪烁着的图表令人难以置信，但它就在那里，仿佛一座如珠穆朗玛峰一般高耸入云的山峰，而它本不应该存在于此。盖布全神贯注地盯着屏幕，屏幕底部显示的时间正一秒一秒地流逝。在一个原本平淡无奇的周二下午，在盘后交易的头几分钟里，这座山峰就在他眼前以指数级的、越来越快的速度增长，似乎就要从屏幕顶部冲出来。

这是灾难性的。

盖布身体向后靠在椅背上，显得茫然而不知所措。他以前见过股票交易走下坡路，他在这个行业干了足够长的时间，懂得真正成功的公司应该知道如何管理并设置适当规模的头寸，而不是仅仅关注如何庆祝公司的顺利进展。就像所有优秀的股票交易员一样，他也经历过惨痛的教训。

14年前，盖布还是史蒂夫·科恩创办的赛克资本顾问公司的一名新员工，当时该公司是华尔街最负盛名的金融巨头之一，管理着160亿美元的庞大资产。在2013年卷入内幕交易丑闻之前，它是当时回报率最高的对冲基金。2007年上半年，盖布一直处于高速运转的工作状态，他的资金成功地在半年内从4.5亿美元累积到了10亿美元，这标志着他已成为华尔街的热门交易员。因此，赛克资本开始给他越来越多的钱进行投资，但突然间，盖布的头寸开始摇摇欲坠，到了他无法控制的地步，进而一败涂地。那年夏天结束时，盖布已经损失了全部资金的80%，那是一个事关生死存亡的时刻，许多交易员会就此洗手不干。但盖布没有因为这次失败而萎靡不振，而是坚强地站起来，擦去鼻子上的血迹，把一块冷冻的牛排敷在瘀伤的眼睛上，思考着接下来要做的事情。经过这次教训，他意识到要依靠自己，并学会了在不断快速变化的环境中重新评估自己的头寸。那年年底，他不仅赚回了损失的每一分钱，甚至创造了更多的盈利。

在接下来的6年里，盖布很快成长为赛克资本的顶级交易员之一。但盖布也发现了一个问题，在美国证券交易委员会对赛克资本的历次调查中，史蒂夫·科恩本人几乎毫发无伤，公司的几个交易员却被送进了监狱，于是他觉得是时候自己单干了。他迅速筹集了10亿美元，其中一部分来自科恩新创立的对冲基金——72点（Point72），从这以后他就再也没有回头。盖布广纳贤才，组建了一支多元化的交易团队，团队成员均能进行最高水平的交易，并且非常谦逊，愿意努力工作。

8年后，这个由盖布创立的公司——梅尔文资本，已成为华尔街最闪耀的一家公司。自2014年成立到2020年，梅尔文资本实现了30%的年回报率，2020年的净回报率高达52.5%。这些耀眼的成绩使梅尔文资本摇身一变成为超新星。据报道，仅2020年，盖布的个人收入就超过了8亿美元，而且他开始迅速积累符合自己在金融业中霸权地位的配置。他拥有篮球职业运动队夏洛特黄蜂队的少数股权，这使他成了迈克尔·乔丹的合作伙伴，而迈克尔·乔丹正是他童年时的偶像之一。他在东区拥有一套豪华公寓，当然，他还拥有一座位于迈阿密海滨的豪宅，然而那座豪宅可能还不够大，所以他花了4 400万美元买下了两座毗邻的豪宅，并打算拆掉其中一座，以便为网球场、休闲小屋和儿童游乐场腾出空间。这个地方还有一个私人码头，因此盖布肯定需要一艘船，没有船的码头有什么用呢？就此而言，哪个管理着130亿美元资产又有着强烈自尊心的对冲基金巨头会没有自己的私人游艇呢？

但此刻，盖布盯着电脑屏幕上不断攀升的数字，一个像素接着一个像素。他那座位于迈阿密的豪宅、和迈克尔·乔丹一起打篮球比赛的辉煌，以及那个可怜的、没有一艘船的私人码头，已经在盖布的脑海中烟消云散了。

盖布呆坐在电脑前。他眼前的一切似乎是不可能发生的，但又确凿无疑地发生了。尽管盖布基于各种逻辑和理由，已经进行了数月的紧张研究，花了很多时间来筛选各种令人心力交瘁的财务报告，并与分析师和专家打电话进行长时间沟通和讨论，但此时此刻，他即将面临职业生涯中最高额的损失。

如此巨大的损失可能会毁掉他所拥有的一切。令盖布更加担心的是，这次事件将敲响警钟，而且会响彻整个华尔街，人们在未来几年，甚至在更多年后将会逐渐感受到这件事的后果。

盖布的公司——梅尔文资本，是以他祖父的名字命名的，他的祖父是一家便利店的老板，也是他所认识的最诚实、最勤奋的人之一。据报道，梅尔文资本在几天内损失了近50亿美元，其中大部分亏损发生在过去24小时内。更匪夷所思的是，所有这一切都发生在一只股票——一家滑稽的、简直让人叫不出名字的公司的股票上。这只本应暴跌的股票却一路飙升，直到变得像高耸的珠穆朗玛峰一般。

盖布作为华尔街最有权势的金融行业从业者之一,刚刚被某种看不见的力量击败。然而,他很快就会明白,在社交网络最深处、最黑暗的角落里,正在发生一场隐秘的革命,有人已经向当权派打响了"第一枪"。也许这就是最大的侮辱——就在几分钟前,互联网上的一条推特消息完成了对他的最后一击。

盖布闭上了双眼。关于游艇、乔丹、迈阿密的想法像幻灯片一样在他空荡荡的脑海中闪烁,纠缠在一起。他深吸了一口气,关掉了电脑。

然后他伸手去拿手机。

第 2 章
孵化的沃土——WSB 论坛

2020 年 12 月

6 周之前，22 岁的杰里米·波身处华盛顿杜克高尔夫俱乐部旅馆的总统宴会厅。他身形清瘦，就像一个被掰开的金属衣架，能穿过车窗上的细缝进入上锁的车里，他独自站在总统宴会厅里一张工业风的桌子前，迫切地想知道这一切到底是怎么回事。

杰里米现在唯一能确定的是，这不是他大学最后一年应该有的样子。他看过的所有电影，读过的所有宣传册都告诉他，大学四年级本应该在酒吧聚会、啤酒狂欢派对和班级舞会中愉快地度过，也许还会有一两段浪漫甜蜜的恋爱。但事实是，他几乎每天下午都在校园里闲逛，晚上在宿舍里与朋友彻夜闲聊，直到晨光透过窗户照进他的房间，闹钟响起，告诉他上课要迟到了。但说实话，谁会在乎呢，这是大学的最后一年，是踏入现实世界之前的最后一次放松。

然而现在，他却和十几个同学站在一个大型宴会厅里，宴会厅顶部的天花板上悬挂着优雅的枝形吊灯，上面点缀着晶莹剔透的水晶，他们就在吊灯的下方交错着排成一排，保持着社交距离。每个人都跟他一样，等着轮流走近那张可怕的无菌钢制桌子，桌子上凌乱地放着小瓶子、标本瓶和消毒洗手液。

几英尺[1]外有一位护士，她用一双蓝眼睛（也很可能是绿眼睛）看着杰里米。至少杰里米认为她是一名护士，她戴着口罩、面罩和橡胶手套。但话说回来，宴会厅里的很多人都是这副打扮。就这一点而言，校园里，达勒姆的街道上，电视、报纸上和几乎所有其他地方都是如此，这是"新冠疫情时代的高级时尚"。但这个女人还穿着手术服，这意味着她可能知道自己在做什么。尽管枝形吊灯的光线在她的面罩上映射出模糊的图案，杰里米还是从她蓝绿色的眼睛里看到了不耐烦的情绪。

杰里米脸上挂着略带歉意的微笑，为即将到来的任务做好了准备。他没有戴面罩，口罩拉到了下巴下面，右手食指和拇指之间捏着一根6英寸[2]长的木制签子，签子顶上有一团看起来很邪

---

[1] 1英尺=30.48厘米。——编者注
[2] 1英寸=2.54厘米。——编者注

恶的棉花。这是聚会的一个残酷的转折点，对杰里米来说，这几乎是一个大四学生所能参加的最不像聚会的聚会了。至少宴会厅本身还有点喜庆气氛，脚下红蓝相间的地毯很华丽，大厅窗户的周围挂着厚厚的天鹅绒窗帘，从窗户往外望去，可以俯瞰北卡罗来纳州的一个顶级高尔夫球场。当然，还有那盏枝形吊灯，从高得离谱的天花板上冒出来，像冰冻的、闪闪发光的水母一样，发光的卷须状物在微风中摇曳，这些卷须被安装在房间周围特殊设计的空气循环器上。

"很简单，"护士说，她的声音被口罩蒙住了，"只要把它塞进鼻孔，转几圈，然后放回桌子上的标本容器里就好了。"

杰里米试着想些风趣的话来回应，但又觉得现在不是说这话的时候。因为当你要把什么东西塞进鼻子里时，很难表现得温文尔雅。当然，这比他们过去使用的检测方式要好。那是2020年春天，新冠疫情第一次在校园中传播，学校的大门还没有关闭。当时那该死的棉签有现在的两倍长，似乎直接就捅进了你的大脑。

其实，杰里米平时非常善于与人闲聊和逗乐，如果手上拿着的是鸡尾酒签，而不是戳鼻孔的棉签，他至少有机会从护士那里得到积极的回应。话又说回来，尽管杰里米并不害羞，但他很古怪，性格有些独特。虽然他在杜克大学的头三年交了几个好朋友，但他依然很期待大四的时候能交到更多志同道合的朋友。

当他回忆往事时，他明白这种怪异的性格并不完全是自己的错。一言以蔽之，他的成长经历是独一无二的。没有几个孩子敢说自己是在船上长大的，但杰里米的童年要么是在加勒比海的各个岛屿之间曲折穿梭，要么是沿着佛罗里达的海岸蹦蹦跳跳。在他童年的大部分时间里，每天早上的通勤都要考虑潮汐时间和停船费，他仅有的真正的同伴是他的家人——爸爸、妈妈和弟弟卡斯珀。可以想象，在一艘44英尺长的双体船上长大的他并没有习得多少有用的社交技能。当他进入一所普通初中时，已经养成了一些古怪的习惯。从那时起，杰里米在改变自身习惯上花费了很多精力，他想尽量减少自己的焦虑情绪和社交尴尬。

尽管如此，在最理想的情况下，杰里米与陌生人破冰都很困难，何况是在这种特殊的、不理想的情况下。此时此刻，他能做的最好的事情就是向对方展现亲切友好的微笑。

因为戴着口罩，他不知道护士是否也笑了，但他认为这是一场胜利。然后他把注意力转回到棉签上，把它塞进鼻子里，自信地拧了两下。

***

20分钟后，杰里米的鼻孔仍然有刺痛感，他已经回到了自己在校外的经济型一居室公寓。他在门厅抖了抖连帽运动衫上残留的细雨，踢掉了脚上的运动鞋。敦沃西松林位于达勒姆南侧，是一个由多层住宅组成的庞大建筑群，但远没有它的名字那么华丽。这让杰里米想起了一部日间肥皂剧——漂亮的人们穿着比基尼和泳裤聚集在一个奢华的公共游泳池周围，那里每天都上演着有趣的戏剧性故事情节。但敦沃西松林也没人们想象的那么糟糕，因为这里确实有一个游泳池，甚至还有一个人工湖，如果不是现在窗帘拉着，杰里米可以透过起居室另一端的滑动玻璃门看到泳池和湖。湖周围的植物也被修剪得相当整齐，低矮的灌木丛和修剪过的树木纵横交错，中间是专为步行设计的石头小径。尽管敦沃西松林挤满了像杰里米一样选择避开学校主校区拥挤住宿环境的大学生，但这里没有任何集会，至少据他所知是这样。走廊里大多是陌生人，大家都躲在口罩后面，保持 6 英尺社交距离，尽其所能独善其身。

当杰里米第一次来到校园时，他感到非常孤独，对于一个从小在船上长大的孩子来说，这是一个需要解决的问题。在父亲的鼓励下，杰里米主动和几个碰巧住在同一栋楼里的同学打成了一片。卡尔是其中之一，他住在杰里米上面两层楼，是杰里米在杜克大学的好朋友之一。卡尔是一名生物专业的学生，也是个武术爱好者。他非常专注于学习，却从不吝啬于把自己的时间花在杰里米身上，他教会了杰里米如何摔跤，以及如何更好地保持健康的生活方式。卡尔的女友乔西是一个比卡尔和杰里米还优秀的摔跤手，她的专业是应用数学和政治学。迈克尔是杰里米在高级线性代数课上认识的同学，他碰巧和杰里米选修相同的双学位——数学和心理学，这意味着他们都有让自己变得痛苦的倾向，都想要弄清楚为什么他们竟会追求这种痛苦。自从有了这几位朋友，杰里米每周都会与他们聚会两次，剩下的时间他会用在学习上，他的大学课程包括贝叶斯统计、概率机器学习和精神病理学电影等。一旦杰里米的思维沉浸于这些课程之中，他几乎可以忘记外面的世界已经停滞不前。

杰里米拽了拽兜帽，向公寓深处走去，他那一头乱蓬蓬的红发就像某种疯狂的铁锈色光环一样从他饱满的额头上冒出来。自新冠疫情暴发以来，他就没有再去理过发了。在过去几个月里，他曾多次尝试拿着理发剪给自己理发，但效果都不太理想。话又说回来，新冠疫情大流行有个好处，就是当你的大部分社交生活都要通过一个漂浮在笔记本电脑屏幕里的小方块进行的时候，你的外表其实并不重要。Zoom（一款视频对话软件）能取长补短，一个好的高清摄像头总是比一款合适的发型更重要。

杰里米继续向公寓深处走去，一边走一边从口袋里掏出手机。将门厅与起居区隔开的一组书架上放着一个音响，上面的绿灯告诉他，蓝牙音响就在他前面两步远的地方，他用手指轻轻一点就将手机上的音乐应用程序激活了。

像往常一样，音乐应用程序的播放列表显示着他最喜欢的歌曲，一些热烈的日本流行音乐中的动感和弦从音响中向他盘旋而来，就像看不见的电子五彩纸屑一样。播放列表中第一位是伊藤香奈子，过去一年中，排在首位的始终是她。她的真名是"Itō Kanako"，日语把姓氏放在前面，这是杰里米学到的许多东西之一。他热爱动漫，尤其是对《新世纪福音战士》系列，已经到了近乎痴迷的地步。在一位游历甚广的表亲向杰里米介绍了这部20世纪90年代中期的日本动漫后，他一口气看完了它的所有系列。《新世纪福音战士》除了26集同名原创剧集，还包括动画电影和电子游戏，情节极其复杂。其剧情涉及一场全球末日、巨型生物机器人与更大型怪物的对战、神秘主义、犹太－基督教（Judeo-Christian）的意象，以及许多青少年的焦虑等。杰里米第一次看的《新世纪福音战士》是日语原版。因为他听不懂日语，所以这部动漫作品变得更加难以理解。即便如此，他还是认为这绝对是一部杰作，并且觉得能创作出这么好的作品是一个奇迹。他花了很多时间，利用自己所能使用的一切互联网资源，试图解读这个作品的故事及其主题。这段旅程让他更深入地了解了动漫，他在互联网上发现了更多作品，比如《辉夜大小姐想让我告白——天才们的恋爱头脑战》《魔女宅急便》以及"科学冒险"系列视觉小说，"科学冒险"系列中又包括《命运石之门》和《机器人笔记》，后者他在三四天内疯狂地看了整整40个小时。

从动漫到音乐只有咫尺之遥：伊藤香奈子、菊男、流行音乐和金属音乐。大三结束时，杰里米写了一篇关于代数数论的论文，在写这篇论文的一周时间里，他把一张日本金属音乐专辑连续听了15遍，听到动情处还会情不自禁地跳起舞，音乐可以让他像木偶一样动起来，让他的创造力源源不断地涌现出来。

此刻，杰里米穿过公寓走向玻璃门后面角落里的桌子，他的笔记本电脑放在那里。他没有跳舞，但在连帽衫里面穿了一件新世纪福音战士T恤，在放置笔记本电脑的镀铬玻璃桌面上放着不止一本漫画书。

这张桌子十分光亮、轻薄，有可伸缩的桌腿和许多滚轮，在紧要关头可以战力翻倍，变成一个机械化战斗机器人。杰里米刚搬进公寓时，他的弟弟卡斯珀就把这可恶的东西组装了起来。这是杰里米需要几天时间才能完成的事情，但卡斯珀只用了短短一个下午的时间就完成了。卡斯珀一直是兄弟两人中比较务实的那个，这可能是他选择土木工程专业的原因，而杰里米则选择了更加理论化的专业。这意味着，尽管他们都在同一所大学学习数学，时间也只相隔了两年，但他们在新冠疫情流行之前，可以说在校园里几乎没有交集。

与杰里米不同，尽管新冠疫情肆虐，卡斯珀依然选择在校园的一间宿舍里体验他的大二生活，因为他想离朋友们更近一些。从杰里米在秋季学期的前几个星期收集到的信息来看，学生都要遵守一连串的要求：隔离、每周核酸检测、保持社交距离。卡斯珀似乎不会比杰里米过得更好，因为他已经被隔离了。没过多久，杰里米就意识到，无论是在被同学包围的宿舍里，还是在被陌生人包围的公寓里，新冠疫情始终都是要独自经历的事情。

他坐到桌前的椅子上，猛地拉下脸上的口罩，把它扔向了附近的一个垃圾桶。然而，距离丢进垃圾桶差了很远，皱巴巴的口罩掉在了一堆脏衣服旁边。此时，杰里米的思绪开始飘散开来：他迟早会把那堆衣服送到公寓地下室的公共洗衣房里，谁知道呢？也许他会走运，会有人正在使用别的洗衣机。也许在洗衣房他有机会与人面对面地交谈——一项他依稀记得的活动。他们可能会谈论着与现实毫无关系的话题，或是一个根本无法实现的想法，甚至可能与新冠病毒和个人防护用品的正确使用无关，又或是无须使用计算机软件或无线路由器即可交流的想法。

杰里米因这个想法而发笑，然后按下笔记本电脑上的开机键，打开了屏幕。在他的右边，除了漫画之外，还有一堆令人望而生畏的数学教材，大多数教材的标题会让他在洗衣房里遇到的每个人都感到害怕，即使是在杜克大学这样的学校里也是如此。书本旁边放着一叠黄色的纸，头几页已经写满了习题，这些作业甚至在开学前就已经布置好了。但此时此刻，当他的手指在键盘上飞舞时，他的心思不在作业上，也不在动漫上，甚至没有放在与友好的、虚构的陌生人进行虚构的、不受新型冠状病毒影响的对话上。

相反，杰里米把全部心思都放在了眼前的笔记本电脑上，从大四开始，这台笔记本电脑几乎成了他生活的中心。不仅因为他要用电脑上课，并进行大部分社交活动。除了学校和他现有的亲友，他最近发现了一项新的活动，这个活动占用了他越来越多的时间。从最初的好奇和兴趣发展成了某种程度上的爱好，并迅速成为他的另一种嗜好，就像他对动漫、日本流行音乐一样。

他继续敲击着键盘，然后动作熟练地从口袋里拿出手机，把它放在漫画书上。灵巧的拇指一动，手机屏幕就从他的音乐应用转到了另一款应用程序上，显示屏立刻变成了一抹诱人的绿色调，只有顶部1/3处的一个图案打破了这画面——一根羽毛好像是从手机上方飘下来的，也像是从某个童话人物的帽檐上拔下来的。

这个图案里的某些东西总是让杰里米的肾上腺素飙升，他认为这是巴甫洛夫式的反应，即大脑中某些超负荷结构产生了一分钟的多巴胺。他毫不怀疑，设计这个屏幕的人花了好几个小时思考配色、色调和图片。他曾在某本书上读到过，在设计赌场时会聘请数十名科学家，以找到灯光、材料、装饰乃至气味的完美组合，在潜意识和人的本能层面上吸引顾客。他不知道手机应用程序背后的人是否也花了同样长的时间来构建他们的主屏幕，他只知道，他手机屏幕上的内容就像他最喜欢的伊藤香奈子的第一段和弦一样，深深地打动了他。

但在他屈服于滑动主屏幕并打开应用程序的冲动之前，他将注意力重新转向了笔记本电脑。在坐下的几分钟里,他已经浏览了电子邮件,把几个电子文档和一个正在进行的数学项目放在了一边。现在占据着屏幕中心的是另一个东西,从他的眼睛开始扫视屏幕的那一刻起,他就发现自己在咧着嘴笑。

杰里米清楚地知道,在现实生活中他可能不只是有点古怪,有时还会在与他人的互动中进行自我限制。像数学理论和动漫这样的消遣活动,以及对新冠疫情的恐惧,不足以形成一个庞大的社交网络。在被困于公寓的情况下,他只能选择播放日本流行音乐,做堆积如山的数学作业,但最近他找到了别的东西来代替这些活动。他面前的电脑屏幕不再只是一个二维的、联系他和过去经常去的地方及见到的人的工具,现在,它已经成了通往一个全新社区的门户,这个社区正变得越来越真实且包容,而现实世界则变得一天比一天奇怪。

他身体前倾,扫视着屏幕,脸上的笑意越来越浓。

他自言自语道:"好了,猿猴和笨蛋们,今天你们为我准备了什么呢?"

第 3 章
散户领袖之星升起

（马萨诸塞州）威尔明顿。

在寒冷的傍晚，快 6 点钟的时候，走在新英格兰郊区的街道上，空气已经有些刺骨了，你可以看到树叶在寒风中颤动，也可以感觉到风迎面吹来时的凛冽。这是一条漂亮的街道，它坐落在树木繁密、令人昏昏欲睡的郊区一角，离波士顿市中心大约有 20 分钟的车程。

这是那种眼睛一闭 20 年时间就转瞬即逝的地方。

34 岁的基思·吉尔长着高颧骨，淡棕褐色的眼睛目光犀利，齐肩长发又浓又密，从侧面看他的发型可能更像是胭脂鱼。街道旁的草地上，可以看到凝结成明信片大小的冰块，吉尔站在草地上，两只胳膊使劲把两岁的女儿抬到塑料滑梯的顶端，滑梯就位于他家三居室房子的阴影里。他的女儿坐在滑梯顶端看着他，露出了只有两岁孩子才有的那种笑容，一种纯粹的、喜悦的、充满期待的表情，没有夹杂一丝恐惧。她只想快点越过滑梯顶端的边缘，然后越滑越快，越快越好，直到到达滑梯最底部。

毫无疑问，这种特质是从她父亲那里遗传的。从基思记事起，他就一直跑得很快，并且会努力跑得更快。即使到了现在，已经30多岁的他，体内每个细胞依然蛰伏着动力的火花。当基思还是个孩子的时候，世界上最难的事情就是让他坐着不动，甚至早在记事之前，他就已经开始喜欢跑步这项运动了。只要给他指定一个方向和地点，他就可以很快地跑到那里。12岁的时候，他就已经是附近所有孩子中跑得最快的了。

基思在布罗克顿长大，与其他郊区不同，布罗克顿更像是一个工人阶级版本的威尔明顿。他的父亲开卡车以赚取全家所需要的生活费用，母亲是一名执业护士，加上他家里有三个孩子。布罗克顿谈不上富裕，看上去也并不美丽，却是当地人引以为傲的资本，因为它是一个自诩为"冠军之城"的地方，这里的人们很爱这个称号，不允许其他地方使用它。即使临近的波士顿市市长梅尼诺指出，所有的冠军游行都在博伊尔斯顿街举行，而非布罗克顿，当地人仍然拒绝放弃这个称号。每一个来自布罗克顿的人都能告诉你真正的冠军来自哪里：汤姆·布雷迪曾被评为最佳球员和最佳选手，布尔克、伯德和奥尔蒂斯这样的球员可以创造奇迹，还有洛基·马西亚诺和马文·哈格勒，他们在高中时就开启了职业生涯。基思·吉尔也与他们类似，他之所以参与田径项目，是因为他不够优秀而无法加入职业棒球队，不够高大所以不适合篮球，过于平庸也打不了曲棍球。但他的确跑得很快。

很快基思就成了他居住的小区附近跑得最快的人，不久又成了家乡跑得最快的人，后来，他又成了布罗克顿高中跑得最快的人。再后来，他被附近的斯通希尔学院录取，成为马萨诸塞州最有前途的田径运动员之一。就读斯通希尔学院期间，他不断地刷新纪录：以1分52秒的成绩跑完了室内800米；以略多于2分24秒的成绩跑完了1 000米；以4分3秒的成绩跑完了1英里。这些成绩让他很快跻身大学跑者的精英行列。世界上只有不到1 500人打破了4分钟跑1英里的纪录，而基思离它仅有几步之遥。因为这些优异的成绩，他为自己赢得了年度二级室内运动员的称号，并和他的赛道伙伴凯文一起登上了《体育画报》的头条。

如果不是因为跟腱重伤，再加上一场久治不愈的单核细胞增多症，谁也不知道基思与生俱来的速度会把他带向何方。他很有可能会追随自己田径运动员的梦想，继续其职业生涯。但话又说回来，基思完全明白，田径不是足球或曲棍球，不会因为跑得快就能有足够的钱让他退休。

基思吸了几口冰冷的空气，退后几步，然后看着女儿向前倾斜着的身子从冰冷的塑料滑梯上快速滑了下来。她的尖叫声划破了夜空，这声音让基思笑了起来。在他站立的地方，可以望见妻子卡洛琳，透过一楼的窗户可以看见他们紧凑的厨房，妻子正站在那里看着他们微笑。

人生可不是4分钟跑1英里的比赛。基思安稳地长大，现实生活可能比他平静、简单的生活要糟糕得多。虽然房子是租来的，但基思还有妻子、孩子和工作。也许工作不是理想中的那种，但没人梦想过为一家像万通互惠人寿保险公司这样的二线保险公司工作，当然也没有人想象得到基思每天都在做什么，实际上他的工作内容只是开发金融教育课程。保险公司的金融顾问可以向潜在客户讲授基思开发的这些课程，这些金融顾问的收入是基思的两倍，只是因为他们上过更好的大学，有的甚至已经成为更加富有的父母，但是他们都不可能跑出4分钟1英里的成绩。

基思自己也不完全确定自己是如何进入万通互惠人寿保险的。最为重要的是，2009年并不是找工作的最佳年份。尽管他是家里第一个获得本科学历并取得学士学位的人，但从斯通希尔学院毕业并没有为他打开通往轻松未来的大门。一个来自布罗克顿、几乎没有什么人脉的年轻人并没有太多的选择，而且布罗克顿距离波士顿这么近既有好处也有坏处。坏处是要与哈佛大学和塔夫茨大学的聪明人以及波士顿大学的富家子弟争夺为数不多的几个空缺职位并非易事。基思在2009—2017年的大部分时间都处于失业状态。到2019年初，当基思获得万通互惠人寿的工作机会时，他已经有差不多两年时间都处于失业状态了。

这不是一个理想的职业，但它确实让他和家人的餐桌上有了食物。在新冠疫情暴发前，当基思系上领带走出家门，开车前往万通互惠人寿办公室，行驶在93号公路上与交通拥堵做斗争时，他会不断告诉自己这是一份金融工作，他喜欢这份与数字有关的工作。当他还是个孩子的时候，就对数字很敏感，他喜欢寻找别人看不到的东西。母亲经常讲他如何在街巷和人行道上寻找人们扔掉的刮刮乐的故事，他想从中找到那些买了彩票的人没有注意到的头奖。到大学时，这种对数字的敏感已经演变成了一种进行深入研究的能力，他始终在寻找别人不知何故遗漏的东西。人常道，"人生没有一步路是白走的"，田径教会了基思如何努力工作并自我激励。与生俱来的速度很重要，但是想要赢得比赛，还要比任何人都更深入地挖掘潜能，所以在毕业时，基思很确定金融会以某种方式出现在他的未来。但他也是一个现实主义者，因为投资银行并不会在布罗克顿挨家挨户地寻找下一个沃伦·巴菲特。

毕业之后，基思先是在朋友的初创企业短期工作了一段时间。2017年，他在新罕布什尔州从事了一些金融工作，这使他有机会参加并轻松通过了Series 6考试（系列6考试，即美国证券经纪人执照考试），获得了从事金融行业的执照。这个执照让他很顺利地加入了万通互惠人寿。新冠疫情暴发之前，基思有一间自己的办公室，这虽然是一个共享的空间，但是有墙和窗户，所以严格来说它胜过一个小隔间。如果基思幸运的话，也许几年之后，他会找到一条通向交易大厅的路。

在新冠疫情暴发、办公室关闭、西装换成运动裤、通勤距离从沿 93 号公路行驶缩短到从卧室到厨房桌上电脑的情况下，他仍然认为自己很幸运，因为至少他还在金融行业有一份工作，要知道很多人的情况比他更糟糕。

当女儿到达滑梯底部时，他用双手将她举向空中。女儿在笑，他也在笑，两个人的笑声混合在一起，草坪上的冰块似乎都要融化了，他们丝毫没有在意空气中的寒意。在内心的最深处，基思还能感觉到体内每个细胞昔日的动力火花。在内心深处，他仍然记得成为整个社区跑得最快的孩子是什么感觉，那个打破纪录的孩子，那个最先到达终点的孩子。

他还没有准备好将这种动力的火花搁置一边。

***

4 个小时后，当基思走下台阶来到地下室时，那种感觉依然存在。此时，卡罗琳正在楼上哄女儿上床睡觉，餐桌已经清理干净了，洗碗机还在不停地运转，肥皂水漏到了厨房地板上。这可能是基思必须自己解决的问题，因为在新冠疫情期间，让一个会修理洗碗机的人进入你家是非常困难的。但在此时此刻，这些都不重要了。

基思走进地下室，这里有些凌乱，但已经基本完工。孩子们的玩具摆满了整面墙，楼梯旁边的橱柜里放着装满拼图的盒子，但在这个天花板低矮的空间后面，还有个完全属于他的小房间。他们一家刚搬进来的时候，楼上放着一张他工作用的书桌，桌子旁边有扇窗户可以俯瞰整个社区。但没过多久，女儿过分挑剔的睡眠习惯就把他赶到了地下室。

走了三大步，他穿过一扇门，就进入了"猫咪角落"。女儿的一只毛绒玩具——那当然是一只猫——放在内门把手上，因为在他的小房间里，一切都是关于猫的。房间后的墙上贴着一张用爪子挂起自己身体的猫的海报，猫的下面是一句令人痛苦的老生常谈："坚持住！"这并不是基思拥有的唯一一张有关猫的海报，其他类似的海报都被卷起来，用橡皮筋捆在一起，存放在地下室的一个橱柜里。还有几本猫主题的日历和其他与猫有关的生活用品，比如马克杯、棒球帽和他不愿意承认的数量众多的T恤。他此刻正穿着这样一件T恤，上面印着一只戴着深色飞行员眼镜的猫，站在两架喷气式战斗机上。

海报的前面是他的书桌，上面放着3台大型电脑显示器，以及他的笔记本电脑和蓝牙键盘。这是一个相当复杂的设置，悬挂在桌面上方、被涂成了深红色的大型铰接式麦克风，让它更加令人印象深刻。麦克风与他最喜欢的椅子相配，这把椅子由高端游戏装备公司"秘密实验室"生产，用料为聚氨酯合成革和黑色绒面革。基思的这把椅子是限量版，高背、可调节，装饰着 HBO（美国家庭影院频道）电视剧《权力的游戏》中兰尼斯特家族的徽章，一只金制的狮子。这把椅子花了基思一大笔钱，当 UPS（美国联合包裹）快递将其送到卡罗琳手上的时候，她惊讶得眉毛都竖起来了。但这最终似乎只是一次小小的放纵。基思花在这把椅子上的大部分钱，都是用打折的视频流软件和在笔记本电脑上安装的免费编辑软件来弥补的。基思坐到椅子上，为即将到来的夜晚做好了心理准备。他身后贴着猫海报的墙上有一个长方形的白色投影屏幕，可以兼作数字白板。此时的白板还是一片空白，当摄像头打开的时候，他会通过笔记本电脑在数字白板上书写符号、流程图、计算题和交易报表。虽然他对晚间的节目有一个总体的计划，但节目通常都会自由发挥。一旦摄像头打开，基思就喜欢随机应变，也就是说连他自己都不知道节目会变成什么样子。白天，他是一个性情温和的住在郊区的父亲，一家保险公司的职员，教金融顾问们如何卖出自己的股票。晚上，在地下室的小房间里，他就会变身成另一个人。

基思深吸一口气，环视了一下桌子的其他部分，以确保所需的设备都各在其位。距离键盘最近的地方是一副乌诺牌，在那些颜色鲜艳的编号牌旁边，一条红色的大头巾挂在一个尚未开盖的精酿啤酒瓶上，大头巾和啤酒旁边是他的魔力 8 号球。这个玩具很蠢，而且很老旧，是一个发亮的黑色球体，当基思摇晃它的时候，球上面的小窗口可以给他一些答案。基思还是个孩子的时候，会问这个魔力8号球诸如女孩、体育比分之类的事情。但球不太了解女孩，更不了解体育运动，所以如果不喜欢它给出的答案，他可以不停地摇晃它，直到它给出他想要听到的答案为止。实际上，这与日常工作中大多数人挑选股票卖给客户的方式并没有太大不同。如果一只股票的数据图表乍一看不太好，那就把它倒过来，总有办法可以说服别人买入。

基思身体前倾，打开电脑屏幕。距离他最近的屏幕上显示的是他目前的投资组合，不同的线条显示的是他通过各种在线经纪公司购买的不同股票，这些股票中没有一只与他工作的公司有关。除了这几只股票，还有一些更为复杂的实体，主要是看涨期权。这样做是为了加大他的杠杆，因为他并没有多少启动资金。几个月前，当他第一次开始直播自己的股票交易时，他的投资组合是多种多样的；但最近几个月，他的电脑屏幕上只有一只股票，老实说，这只股票也越来越多地占据了他生活中的精力。

第一次在地下室制作视频时，基思并没有打算专注于一只股票，当然他也没有预测到，几分钟的视频片段会变成长达数小时的直播，他甚至会在自己的交易直播间里待上好几个小时，有时会持续到深夜，有时则会占据大半个下午的时间。刚开始，一切都非常简单，基思以"咆哮猫"为用户名开设了一个优兔（YouTube）频道，这是他出于对金融教育的热情而建立的频道。

他的目标一直是制作一些简短的视频片段，讲解他基本上自学成才的交易策略。一言以蔽之，这些策略的核心就是寻找其他人没有注意到的价值。这些方法、策略与他大学时对数字的针对性研究有关，也与他进行竞技跑步的方式大致相同，那就是努力工作，注重细节，以及保持近乎妄想的乐观。

基思的优兔频道下方附带他的推特账户，以及他在红迪网（Reddit，一个社交新闻站点）上定期发布的帖子。他使用了一个非常适合红迪网的账号名称：Deep Fucking Value（简称DFV）。DFV 是他对自己股票交易哲学的又一次阐释，正是这种深刻的价值让一些东西变得更有价值，即使你必须多摇晃几次魔力 8 号球才能看到其价值所在。

到了夏末秋初的时候，基思的优兔频道已经积累了几百名粉丝，虽然他还没有成为互联网上的明星，但他发现这件事让人倍感充实。与世界上的其他人一样，新冠疫情让他措手不及，但突然之间，优兔频道让他有了一种可以与外界互动的方式，向一群志同道合的人展示自己的股票交易策略，其中一些人可能和他一样敏感、幽默，甚至使用与他一样的交易策略。

他很确信卡罗琳能理解自己——直播、发帖，这是一种宣泄方式，这些东西把他带回了还是一名有实力的跑步运动员的那些日子。就像跑步一样，交易最重要的是做好准备，深入挖掘，制定策略，找出你的对手是谁。然后当你准备好这一切的时候，就要迅速行动。

基思做这些事情时，好像又回到了大学时代参加田径比赛的日子，有一种全世界的目光都集中在自己身上的感觉。也许这只是基思一个人的想法，但那种感觉才是真正的刺激，风在耳边呼啸而过，人群在看台上咆哮着，所有人的眼睛都在盯着你。总会有这样一个时刻，会让你的肾上腺素飙升，肌肉在燃烧，头脑变得异常清晰，感觉自己像在空中移动一般。

也许这种想法很愚蠢，也许没有人真的在看。但基思终于在某种程度上找到了能复制那种感觉的事情。

他将手伸到魔力 8 号球和那叠卡片之间，从啤酒瓶上取下他的大手帕，把它系在额头上。然后他按下笔记本电脑键盘上的一个按键，面对着电脑屏幕，呼出了一口气。

摄像头上的指示灯光开始闪动了。

第 4 章
装进口袋的华尔街

这是平淡无奇的一个夜晚。

金·坎贝尔喝了几口无咖啡因咖啡，接着放下手中的杯子，抬头看向同事，她的同事正坐在两个座位外一张齐腰高的桌子上，这张桌子在他们共享护士站的中间。欣维比金高出整整一头，他皮肤黝黑，穿着一身海军蓝手术服，坐在桌子上的姿势像他的个性一样挺直、僵硬、骄傲，他指着将他们与休息室隔开的厚厚的安全玻璃板。甚至在金看到之前，她就能猜到他是对的。欣维通常都是对的，他是这里最有经验的注册护士之一，他的职业道德也与他第一代移民的身份相匹配。戴维斯精神医学中心周围发生的事情鲜少有他不知道的。但当时，金并不需要让欣维知道这里有什么不对劲。她在戴维斯精神医学中心担任护士职位已经 6 年了，早就对这类事情有了第六感。护理主要是例行公事，当常规被打破的时候，无论多么微妙，都会让人警惕起来。

当金审视安全玻璃板另一侧色彩明亮的空间时，紧张情绪开始上升。考虑到这是换班前的 20 分钟，休息室里没什么人，这也恰好是大多数患者用药的时间，他们亲切地把戴维斯精神医学中心称为"临时的家"。通常情况下，20 多位住院的患者会在铺着地毯的混合区里闲逛，一些人耐心地在靠墙的圆桌旁等待，另一些人则聚集在面对电视屏幕的座位区，电视里总会播放一些无伤大雅的游戏节目或情景喜剧，最好听不到任何汽车喇叭声或枪声，节目内容越平淡越好。她的另一位同事卡迈勒正在医疗站附近的白板上为即将到来的夜班写留言。像往常一样，他写得很快、笔迹很凌乱，可能需要知道密码才能破译，下一班的同事早已经习惯了这件事，他们称之为"卡迈勒化"。卡迈勒写下留言后，金会来到白板这里，按照顺序仔细地记录她在轮班期间一直照顾的病人。一些人从前一天晚上就在这里，但大多数人是新来的。戴维斯精神医学中心作为该地区专门收治非自愿住院病人的精神健康机构之一，即使在情况最糟的时候也很繁忙。新冠疫情暴发 8 个月以来，这里一度人满为患。

但奇怪的是，金今晚可以看到地毯一直延伸到房间后面的粉色墙壁。附近的几个病人已经移到了两边，她正要问欣维发生了什么事，突然听到了一阵喧闹声，就在通往医院深处的两扇大门的正前方。

即使隔着厚厚的玻璃隔板，金也能听到另一边的咒骂和激动的喊叫声。她看到那个人是新来的一个病人——一个60岁出头、骨瘦如柴的男子。下午晚些时候他被送来，靠在一个金属助行器上，出于某种原因被送来戒酒。他看起来很虚弱，却被警长标记为5150号[1]，这意味着，他对自己或其他人来说都很危险。尽管如此，他的行动并没有受到限制，这意味着他已经从所经历的一切中冷静下来，可以安全地融入人群之中了。

他的身旁一边站着一个平时负责看管房间的护工，他们用平静的声音与他对话，试图让他安静下来。即使站在远处，金也能看到两名护工眼中的紧张。

在医疗服务领域工作需要坚持一定的态度，因为你看到的是人们生命中最为糟糕的时刻。金的班次是从早上7点到晚上7点，每天工作12个小时，她只是四名注册护士中的一员，还有一名护理员和两名医生负责在病房里巡视，他们除了接纳急诊室新转来的病人，还要全天候看护病人。

病房是锁着的，但病人可以自由地在休息室、用餐区、单独的娱乐室和他们半私人的卧室之间穿梭。金和她的同事总共监管着外面的20张床位，以及急诊室的另外10张床位。床位几乎总是满的。就像靠在助行器上的那个人一样，没有人会自愿来这

---

[1] 5150号是美国警察使用的警务代码之一，通常用于指代精神病患者或有精神问题的人。——编者注

儿。有些人甚至是戴着手铐来的，还有一些人是由救护车或家人带过来的。

10年前，金刚从护理学校毕业的时候，完全没有想到自己会进入精神科工作。她一直专注于急诊室护理专业，当时还在一个专门研究发育问题和心理健康的夏令营做了一段时间的志愿工作。金发现自己很喜欢与人交谈，而且对那些正在经历艰难时期的人情有独钟。更为重要的是，她已经意识到，自己热衷于看到好的转变。

在戴维斯精神医学中心工作可能需要承受很多压力，但在短时间内看到人们变得更好，这是非常令人满足的。患者来医院时通常处于生命中的最低谷，或者刚刚试图自杀，或者陷入了某种与毒品有关的困境，但当他们离开这里时，状态普遍比进来的时候要好。

最重要的是，金发现在精神科工作比她在护士学校学习的其他护理学科更自由。正如她的同事们很快了解到的那样，她从来不需要筛选病人，精神科是为数不多能够真正使她受益的地方之一。与金经常见到的那种病人打交道，往往需要兼具直言不讳和极强的幽默感，更需要坚强。当救护车打开后门时，你永远不知道会看到一个正从自己造成的枪伤中恢复的大学生，还是一个无家可归、被发现穿着内裤在高速公路上徘徊或在车顶上跳舞的女人。他们都是在相当糟糕的情况下来到金这里的，而她则一直致力于让他们至少暂时好转。

从休息室后方迅速演变的情况看，戴维斯精神医学中心的新患者似乎需要一些指引。如果金的低俗笑话不能逗笑他，那么温柔的触碰可能会给他带来很大的好处。

她从桌子前站了起来，这一举动让欣维扬起了眉毛。

"我知道，"金说。"就 10 分钟，马上就到夜班时间了。但是我的咖啡都凉了，所以我想……"事情发生得太快了，让人根本没有机会把话说完。先是爆鸣声吓到了金，就像一条皮带被猛地紧振发出的噼啪声，然后安全玻璃细小的碎块像雨点一般散落在她周围，碎片像冰雹一样在护士台上弹来弹去。她转过头，看到欣维还站在原地，卡迈勒在几码[1]外半掩着白板，震惊地用手指着一地狼藉，然后金看到了刚刚那位焦躁不安的病人倚靠的金属助行器，现在有半截已经嵌在护理站和休息室之间的隔板上了。

现在，病人已被护理员控制住了，但仍在扯着嗓子大喊大叫。金朝他们走去，一边走，一边甩掉她工作服袖子上残留的玻璃碴儿。卡迈勒看见了她的举动，就伸手去拿放在写字板后面一个药柜里的镇静剂，但当金绕过桌子时，她感觉没有必要用镇静剂了。

他现在已经引起了他们的注意，这名男子似乎变得冷静了，

1　1 码 = 0.9144 米。——编者注

在保安领着他穿过休息室走向双开门时,他还在平静地和保安对话。

金转身朝欣维走去。

"10分钟,"他说,"为什么这些事情总是发生在换班之前"?金摇了摇头,喘着粗气,破碎的玻璃在她的鞋下嘎吱作响。

***

过了一会儿,她坐在护士休息室的圆桌旁,一边喝着新冲泡的咖啡,一边理清思绪。她过一会儿才去父母家接小儿子,然后再回到镇上另一边的三居室公寓,她的大儿子骑着自行车往返于她家和前夫家,这意味着在她做饭做到一半的时候,孩子才会回家。她没有做任何用餐计划,所以只能做意大利面。这很可能会引起大儿子的抱怨,他才15岁,一整天都待在金前夫的房子里,忍受6个小时虚拟学校的管理,在金看来这几乎毫无用处。

因此,尽管这是漫长的一天,她的头发上仍然有玻璃碴子,但她并不急着回家,至少可以喝完咖啡。她的手指放在手机屏幕上,但没有打字,只是在滑动。她滑动得越多,晚上紧张的气氛就消散得越快,她的肩膀就越放松,她的笑容也就越灿烂。

当欣维从通向更衣室的走廊上推过几扇旋转门时,肯定会一眼看到金的表情。他脱下身上的手术服,换了一件开襟羊毛衫和一条棕褐色的裤子,他总是穿得既时髦又有些保守,看起来更像一位大学教授,而非注册护士。金认为这与他的背景有关。她知道欣维接受过非常好的教育,他从尼日利亚移民美国后,曾就读于一所顶尖的护理学校。他是虔诚的基督徒,忠实于家庭,是个坚定的是非分明的人。

他们第一次在病房相遇时,相处得一点也不融洽,金的个性比较鲜明,她可能既粗鲁又直率。一开始,她曾多次无意中冒犯了欣维。但随着时间的推移,欣维意识到她最过分的嘲弄也伴随着她的厚爱,这让两个人逐渐变得亲密起来。他们经常称对方为"工作夫妻",尽管通常金称自己为"丈夫",而欣维是她相对应的"妻子"。

欣维跌坐在她旁边的座位上,已经开始转换角色,故意装出的担心的神色以致额头上都出现了皱纹。"我不敢知道你在看什么。"

金笑了,主动把电脑屏幕调转了一下,这样他就可以看到了。

"这会让我生气吗?"他向后缩着身子问道。

"当然会啦。"

她只是在开玩笑,她在网上看到的大部分内容都会让欣维生气。客观地说,欣维甚至可以在迪士尼电影中找到生气的点。

"是不是更具右翼色彩的胡说八道?"

她咧嘴一笑,摇了摇头。欣维并不是唯一一个厌恶她的政治倾向的人。当他发现金在两次选举中都支持特朗普时,他感到十分震惊,她所有的同事也都对此表示震惊。尽管金与身边的每个人都很亲近,她就像这些护士的慈母。尽管这些护士涵盖了人们所能想象到的所有阶级和种族,是一个极其多样化的群体,但他们都非常明确地表示无法理解,像金这样受过教育、善良、富有同情心且毕生都致力于帮助他人的医护人员,怎么也会成为特朗普的支持者。老实说,当金第一次承认自己的政治倾向时,连她自己的家人都惊讶不已。

她曾经多次试图向欣维解释这件事,但他只是用一种既怜悯又沮丧的表情看着她。在自由主义社区长大的她从未想过自己会倾向于支持特朗普这样的人。她也曾两次投票支持奥巴马,金认为,她的政治倾向与她成年后积累的失望情绪有直接关系。

她知道,有些人可能会把她看作有两个孩子的单身母亲、行走的老夫子。从记事起她就一直在努力维持生计,但周围的人、政府和生活让她屡屡失望。2008 年,她眼睁睁地看着父母在金融危机中几乎失去了所有的房产。她自己有过一段失败的婚姻和两次意外怀孕。她很喜欢奥巴马和他所代表的东西——但说真的,这对她的生活有什么影响呢?

当特朗普出现的时候,金立刻被他的反常性格吸引了,他的胡言乱语,他的自信。他的与众不同似乎让人们反感,但她就喜欢他这一点。说真的,她有什么可失去的呢?

金知道当人们发现这件事的时候会有多难过,在两次选举期间,她都受到了同事们的指责。但她从来不是那种把自己的想法藏在心里的人,始终表里如一。

因此,欣维在他们第一次见面时讨厌她也就不足为奇了,他永远不会理解金为什么支持特朗普,他认为特朗普是种族主义者,也是个危险人物,他的养子至今无法从尼日利亚移民过来和他一起生活,就是因为特朗普的种族主义,但他与金的友谊已经发展到了可以不带任何真正敌意开玩笑的地步。

在电视和外面的街道上,政治可能会两极分化,但在精神病区纷繁复杂的局面中,这只是一种茶余饭后的消遣,在12小时轮班结束前的漫长时间里,这是另一件可以插科打诨的事情。事实上,2016年大选当天,欣维曾与金打赌100美元,认为希拉里会获胜。当特朗普获胜时,欣维非常沮丧,他一直"忘记"掏钱。这次打赌广为人知,以至于一个"常客"患者都知道了,他每次住院都会提到这件事。即便到了现在,尽管特朗普最近下台了,欣维也赚回了100美元,但这笔损失仍然是一个非常敏感的话题,金一有机会就喜欢提起它。

金指着电脑说:"我保证,这与政治无关。"

最后,欣维在座位上向前挪了挪,开始阅读屏幕上的内容。

他在屏幕上方念着:"WSB(WallStreetBets)论坛,这是什么,赌博网站吗?"

金笑了笑说:"我想,有点像。但并不是,这是个红迪网上的留言板。"

他问道:"你会在上面留言?"

金答道:"有时会写,但大多数时候我只是看。"

5年前,金无意中进入了WSB论坛,那完全是一个意外。说实话,她第一次来到论坛是因为她的政治立场。从2016年大选还没开始时,她就一直关注着社交网站红迪网,这个网站上的WSB论坛像是一个巨大的聊天室,被分成了很多版块,几乎能够迎合你能想象到的各种爱好、政治立场、信仰和思想体系。金是通过推特来到这里的,自2014年以来,她一直在使用推特这个社交网站。她关注红迪网完全是因为唐纳德·特朗普。她发现了一个专门针对特朗普追随者的版块,名为r/The_Donald,它基本上就是一场全天候的特朗普集会。红迪网对个人观点隐私的保护与脸书(Facebook)等社交网站形成了鲜明对比。红迪网的聊天室虽然会有某些限制,但允许匿名者发布几乎任何他们喜欢的内容。在极其宽松的内容规则下,这个论坛从一开始就充斥着过头的对话,然后迅速演变为阴谋论、可疑言论和愤怒言语的混乱温床。尽管特朗普追随者论坛非常狂野,但金一直很喜欢与在某种程度上和她有相同想法的人交谈。

通过r/The_Donald,即特朗普追随者论坛,金找到了进入WSB论坛的途径。她对WSB论坛的历史了解并不多,但在阅读帖子时学到了一些东西。它由 30 岁的技术顾问詹姆·罗戈津斯基创立，他想为那些不经常与华尔街保持联系的保守人士建立一个论坛，来讨论股票、投资与得失。WSB 论坛从一开始就迎合了冒险者的需求。对于许多人来说，华尔街就是一个被美化的赌场，人们买卖股票的方式往往与其他人押注马匹、纸牌或轮盘的方式相同。这并不是 WSB 论坛所独有的说法，但或许被 WSB 论坛吸引的用户比其他人更愿意大声说出这一点。与许多其他专门谈论股票的网站不同，WSB 论坛是一个人们发泄失败情绪的地方（糟糕的买入决策使他们一无所有），也是一个人们为自己的胜利而欢呼的地方。

尽管罗戈津斯基创建了这个论坛，但当某项指控摆到面前时（他对此表示异议），他最终还是被从自己创建的论坛中删除了。该指控称他试图通过论坛谋取私利。许多版主多年来一直试图维持论坛秩序，这是一项持续不断的任务。WSB 论坛也是在互联网世界里为数不多的真正匿名的角落之一。

当金第一次偶然发现 WSB 论坛时，当时真正的版主是马丁·施克雷利，他是一位对冲基金的颠覆者，被媒体称为"医药兄弟"。他为获取利润而提高药价的行为受到了人们的抨击，最终因证券欺诈罪而入狱。施克雷利具有金欣赏的那种肆无忌惮、直言不讳的个性，即使她不看重他所代表的东西，也仍被他那狂野的、经常精神错乱的个性所吸引。

她很快意识到，WSB 论坛本身就是一群人的混战场地，但谈论股票的不仅仅是业余爱好者。许多发帖者都是有经验和知识的短线交易员，读他们的帖子就像参加了一个股市速成班。在不断的阅读中，金意识到：一种对规则的愤怒正在暗流涌动，这些规则似乎总是不利于像她这样的普通人。

她开始越来越多地访问 WSB 论坛。在深夜，当孩子们上床睡觉后，她经常阅读 WSB 论坛的公告板，她喜欢这种自己身处怪异阴谋论中的感觉。WSB 论坛会员们问的一些问题她自己也能说清楚。

为什么那些西装革履的人就能代表华尔街？

这些西装革履的男人为她做过什么？

为什么西装革履的男人就能享受所有美好的东西呢？

"这是什么意思？像是在 4chan 网站[1]找到了一个彭博终端？"欣维问道，他的手指指向屏幕上 WSB 论坛标识下方 1 英寸处的小图案——一个戴着墨镜、穿着西装打着领带的金发交易员的形象，就像20世纪80年代电子游戏里出现的东西。金咧嘴笑了。4chan 是最臭名昭著的肮脏网站之一，它实际上是一个电子公告

---

1 一个可以匿名发表讨论帖的综合型论坛网站。——编者注

板，在暗网和更受欢迎的社交媒体之间架起了一座桥梁。而彭博终端则是帮助真正的华尔街交易员从她这样的普通人手里拿钱的工具。

"这有点像句格言。WSB论坛是一个谈论股票买卖的地方。"

"你的意思是投资。"

"有时是这样，有时又是赌博，有时候它们是一样的。事实是，在这个网站上发布什么都可以，而且颠覆性越强越好。"

欣维继续阅读，他额头上的皱纹越来越深。他说："这里有很多不好的东西。"

金点了点头。虽然版主试图保持网站页面相对干净，但当有大量的匿名发帖者时，就会收到很多糟糕的东西。如果说脸书是社交网络的典范的话，那么WSB论坛则有着强烈的反社交色彩。版主似乎并不是要让所有人缄口不言，只是为了保持一定的礼貌。

欣维读得越多，他就越显得焦躁不安。网站上的很多信息都由非常恶心的语言包装，其中还包含很多模因表情包，有视频也有图片，可能会令读者感到沮丧。但金喜欢把这丑陋的表象想象成一枚烟幕弹，这是一种自我选择的机制，把那些"西装革履"的人挡在门外。那些真正在彭博终端上工作的人可能会被粗言秽语和低俗的表情包吓跑。但是对于那些想实现财富自由的普通人呢？他们在WSB论坛找到了家。

"'智障',"欣维念道,"'人猿'。"

"这是昵称,大多是用来指代自己的。"

他看着金,她耸耸肩。

"如果你继续往下读,你会发现这里有些人相当老练。"

她从他身边探过身子,滚动屏幕,最终停在其中一条信息。这是一个人对某一特定股票的深入分析,分析长达三段。毫无疑问,这类研究需要花费数小时甚至数天的时间才能完成。这篇分析很好地解释了为什么在发帖者看来,一只股票的当前价格似乎被低估了,以及为什么他要大举买入。

文字下面是一张图片,那是发帖者市场账户的截图,上面显示他购买了什么。

欣维吹了吹口哨。

"这个数字是真实的吗?他花了那么多钱?然后发布在这里?他为什么要这么做?"

她耸了耸肩。在某些方面,WSB论坛内部发生的事情令人难以置信。这是真金白银,至少看起来是这样,而这家伙冒了巨大的风险。他还告诉了金,并实时地向她展示了这件事。没有什么比这更亲密的了。

"你可以通过这个买股票吗?"

"不行,你可以来这里谈论股票。但如果要买,你得去别的地方。"

她把手伸进桌子下面的皮包里,皮包就放在她的运动鞋旁边。她的手术服下面就是她整天穿着的那双运动鞋。有时她还没到家就会换上休闲鞋,在极少数情况下,当她出去和其他护士小酌时,或者当她最好的朋友安吉碰巧从帕萨迪纳市过来的时候,她才会穿高跟鞋。大多数时候,她在工作时已经受够了戴着旧口罩呼吸,很想换上一个新口罩,坐在餐厅外看着其他戴口罩的人匆匆走过。

再说,在拥有一个反社交网络的时候,谁还需要社交生活呢?

她把手机放在自己和欣维中间的桌子上,然后开始浏览自己的应用程序,直到找到合适的那个。随后,她用一根手指点击了图像,把整个屏幕变成了单一的绿色,在屏幕顶端往下 1/3 处有一根漂浮着的小羽毛。

"这是什么?"欣维指着屏幕问道,"电子游戏?"

"这可比电子游戏酷多了。"

她打开应用程序,看到欣维的眼睛睁得大大的。

"这是华尔街,欣维。"

华尔街,被简化和数字化后缩小到如此之小,你甚至可以把它装进钱包里。

第 5 章
我们的目标是"金融民主化"

天啊,我讨厌独角兽公司!艾玛·杰克逊一边想着,一边试图在一个超现代的沙发上找个舒服的坐姿。这个沙发被放置在一家公司宽敞的等候区中央,这家总部位于门洛帕克的公司是硅谷增值最快的公司之一,它的总部闪亮、现代得离谱,崭新得令人难以置信。找到舒服的坐姿是一项艰巨的任务,因为沙发太矮了,艾玛感觉自己的膝盖几乎可以碰到肩膀了。在与硅谷的互联网公司开始合作之前,她从未想过一件家具的外形会如此浮夸,但在快速发展的金融科技行业工作了 6 年,她已经参观了足够多的总部,知道一切都可以很浮夸。

窗户可以很浮夸,20 英尺高的巨大玻璃窗,就像一面巨大的墙,围绕着她所在的开阔的等候区。天花板可能也很浮夸,比如她头顶上方的拱形木质天花板,横梁裸露且色调深沉,更适合农场风格的乡村庄园或豪华的海滨别墅，而不是什么科技公司的大堂。庭院也可能很浮夸，比如窗户另一边的那个院子，地上铺着木头和鹅卵石，还有一个被盆栽植物环绕的火坑。

即便如此，艾玛认为这家公司位于门洛帕克的总部比该公司之前位于帕洛阿尔托的总部更浮夸。位于帕洛阿尔托的总部整体看上去像是一个雕琢出来的贝壳，坐落于一个购物中心附近，距离公司两位创始人在斯坦福大学当室友的地方只有一箭之遥。贝壳中的办公室如同迷宫一般，而且毫无疑问那里的租金价格会更低。然而，不知为何，艾玛在 2016 年初来到这里的时候，还是被吓到了。也许是那幅覆盖了办公室墙壁几乎每一寸地方的巨大壁画震撼了她。这幅画是由才华横溢的艺术家奈杰尔·苏斯曼以绿色和银色为主色调绘制而成的，整幅画从地板一直延伸到天花板，以虚构的舍伍德森林为背景，描绘了罗宾汉和他的快乐伙伴们扮演成不同角色讲述的奇幻故事，而故事中的角色恰好都是猫。

位于门洛帕克的新办公室也有壁画，上面有更多的猫，壁画中是罗宾汉和他的快乐伙伴们开着汽车四处游荡，飘浮在太空中，骑着摩托艇的场景。艾玛不得不承认她更喜欢之前那幅壁画主题，至少是恰到好处的，而且不管怎样，她并没有像互联网上的人那样，对猫科动物的迷恋与日俱增。

艾玛认为自己只是太沉闷了，她对独角兽公司和猫的过时看法表明了她的年龄。虽然她只有 39 岁，但那一刻她觉得自己老了。因为等候区是开放式的，所以她不可避免地看到了她要约见的那两位年轻企业家，大概就在距她十几码外的地方。此时，他们在画有众多猫咪的壁画前拍照的过程刚好进行到一半。她刚到的时候，摄影师就已经开始拍照，面带微笑的助理带她去等候区，并递给她一杯卡布奇诺，但她礼貌地拒绝了。艾玛最不需要的就是像太阳马戏团的演员那样，一边在不舒适的沙发上保持平衡，一边尝试着喝一杯热气腾腾的卡布奇诺。因此，没有什么其他东西可以分散她的注意力，只能看着两个看起来年轻得令人难以置信的男人在摄影师面前摆出尴尬的姿势，还有一位记者向他俩抛出一连串无关紧要的问题。

艾玛不太确定这位记者属于哪个杂志、报纸、博客或播客：《商业内幕》《华尔街日报》《泰晤士报》……也可能是《猫迷》。此时此刻，她面前这两位活跃的年轻人可以说是目前硅谷最受欢迎的"魔法生物"，尽管全世界对这两位年轻企业家和他们迅速扩张的公司可能还不太熟悉。

弗拉德·特内夫和拜住·巴特并不是家喻户晓的名字，但他们的产品却正在以指数级的增长速度在万千家庭中传播，就像手机病毒一样。这款产品具有超凡的设计，又或多或少触发了人类内心的贪婪。在创立后的短短几年时间里，罗宾汉公司就很好地实现了他们对用户的承诺：通过把华尔街银行拥有的力量放在任何一个有手机的人手中，以此来颠覆刻板的金融业。从理论上讲，罗宾汉公司可能只是另一种网上经纪公司，与嘉信理财、富达投资、亿创理财（一家美国金融服务公司，其主要业务是为投资者提供网上折扣股票经纪服务）没有太大差别，但在实践中却完全是另一回事。他们的产品实现了一种颠覆性的、巧妙的、乔布斯式的转变，直接针对千禧一代和业余投资爱好者，它也是普通人进入股市的移动门户，而且比以往任何一款产品都更加流畅，像老虎机一样好用且引人注目。

艾玛看着弗拉德和拜住都尽其所能去配合摄影师，尤其是弗拉德本人，但他俩看起来都是那么热情和平易近人。拜住身上散发着一种温暖、知性和灵性的气息，他的鬓发遮住了下巴，笑容像柴郡猫一样迷人；弗拉德给人的感觉更像是一只小狗或一个毛绒玩具，他有一双母鹿一般的眼睛，又长又直的头发更像是豪迈王子，而不是罗宾·洛克斯利（即罗宾汉）。很显然，这两个年轻人是要好的朋友且有着共同的愿景，他们看起来并不像其简历和出身所暗示的那样不擅长社交。但话又说回来，艾玛在这行待的时间够久了，她知道一个好的公司起源故事和其他童话故事一样，都是以现实为基础的。不过，每家独角兽公司都有一个这样的故事，而罗宾汉公司的起源就像一本故事书，也如同充满猫的魔法森林那样吸引人。

艾玛在到达等候区后就已经听说了很多关于罗宾汉公司的传说，他们用精心练习过的完美回答（主要来自弗拉德）来对付阿谀奉承的记者所抛出的种种问题。这些传说当然都是具有硅谷风格的童话故事：弗拉德和拜住是两个移民到美国的孩子，弗拉德来自保加利亚，拜住则来自印度，他俩在斯坦福大学读本科时就相识了，而且都是教授家庭的独生子，同时也都是物理学和数学专业的学生，这让他们的关系显得更加亲密。弗拉德在2008年考上了加州大学洛杉矶分校的研究生，并计划未来成为一名数学家；拜住则去了旧金山附近的一家贸易公司工作。2008年下半年，整个市场在大型投资银行雷曼倒闭的刺激下崩盘，在拜住的竭力主张下，这对好朋友决定收拾行囊去美国追逐梦想。他们希望可以利用自己的数学技能建立一家初创交易公司，为危机中的对冲基金公司和银行提供高度复杂的交易工具。现在，这些基金公司和银行正通过采用自动交易策略摆脱危机。当这种闪电交易——在指令之前"抢先交易"的方式被人们所熟知时，它已从大量微小利差中赚取了数十亿美元。

但随着公司发展，弗拉德和拜住因所做事情本质上是"帮助富人变得更富"而越发感到不安。市场的不平等和随之而来的愤怒演变成了所谓的"占领华尔街运动"。这是一场主要由愤怒的年轻人发起的大规模抗议活动，他们走上纽约街头呼吁变革，这让弗拉德和拜住二人开始思考自己是否在帮助对冲基金和银行家践踏散户交易员。当弗拉德的一位密友指责他从不公平的市场中获利时，他和拜住决定尝试利用他们所学到的知识和开发的技术来创造一个公平的竞争环境。

他们选择"罗宾汉"作为公司名字的原因很明显：中世纪传说中的人物罗宾汉和他的快乐伙伴们把重新分配财富作为其使命。罗宾汉从富人那里盗取钱财，然后再把钱分给穷人，弗拉德和拜住二人显然在以传说中的人物标榜自己的使命。但他们不会重新分配财富，而是推动"金融民主化"的实现——向散户交易员提供必要的工具，以此向已经压迫了普通人一个世纪的华尔街发起反击。罗宾汉公司的计划很简单，其中有两个重要方面：一是向普通人提供免佣金交易；二是取消开户最低金额限制。此外，罗宾汉公司从一开始就是围绕智能手机而非电脑开发应用程序，因为弗拉德和拜住知道年轻人热爱和信任什么，那就是他们手中那块闪闪发光的小屏幕。

当摄影师的闪光灯熄灭时，艾玛眨了眨眼睛，她捕捉到弗拉德和拜住在假装随意地交谈。当然，弗拉德也把手机从口袋里拿出来拍照，毫无疑问他打开了罗宾汉公司开发的应用程序。

即使在最疲惫的时刻，艾玛也不得不承认他们开发的这个应用程序的确很漂亮。弗拉德和拜住在建立门户时当然考虑到了他们的受众。因此这个应用程序的使用界面简单，操作过程流畅，令人上瘾。在这个应用程序上开设个人账户就像登录脸书一样容易，一旦你将某只基金（任何一只基金）转入个人资料，只需按一下按钮，就可以进行交易。更让人惊喜的是，当你搜索任何喜欢的基金或股票时，应用程序会把你带到一个页面，上面有你可能需要的所有信息，包括价格、每日、每周、每月、每年变化的即时信息表，成交量。页面底部有一个巨大的按钮在吸引你进行交易，它的配色方案非常华丽，并且在交易的过程中包含了视觉、听觉，甚至是触觉的刺激性因素。当你第一次点击按钮进行交易的时候，五彩纸屑会像雨点一样洒落在屏幕上。在艾玛看来，弗拉德和拜住不仅给普通人提供了一个可以装进口袋的交易工具，创造了一个公平的竞争环境；他们还把整个股市变成了一个具有高度娱乐性的电子游戏。如果说有一样东西能帮助千禧一代和大学生理解罗宾汉公司，并让他们深深喜爱这家公司，那就是电子游戏。

艾玛知道罗宾汉公司用户的平均年龄是32岁左右，但用户年龄的中位数要低得多，一般在20多岁。到2018年时，罗宾汉公司的用户基数在200万的基础上又增长了3倍，然后在接下来的两年里又翻了一番。值得称赞的是，点击交易按钮看五彩纸屑飞舞的主要是普通民众，而不是华尔街精英。正如他们所承诺的那样，他们会让"金融民主化"。但普通民众没有意识到的是，民主通常是需要付出代价的。当你看得更深入一点的时候，你会发现童话故事已经开始变质，罗宾汉公司并不像故事中那样是富人的克星。

艾玛把身子靠在沙发上，希望她的腿别再不听使唤了，她继续等待摄影师和记者完成他们的工作。毫无疑问，照片会拍得很棒，杂志简介、报纸文章或博客文章都会大肆宣扬"颠覆""平等"，甚至"公平"。这一切都是真的。但艾玛比大多数人更清楚，这个故事非常不完整。因为罗宾汉公司有一点不太明确，即该公司实际上是如何赢利的，而这一点在光辉的童话故事中几乎从未提及。

谁又能怪罪杂志呢？"订单流支付"（PFOF）[1]是一句冗长的话，它远没有"金融民主化"这么简单易懂。简单地说，罗宾汉公司之所以能够提供零佣金服务，是因为他们的用户实际上并不是其真正的客户，这些用户本质上就是产品。罗宾汉公司将用户的交易打包出售给做市商，主要是城堡投资，以及度思投资、萨斯奎汉纳金融集团这些金融巨头，这些做市商几乎可以即时分析交易流量，并从买卖价差中提取极小的一部分来获利。罗宾汉的主要用户是从事高风险交易的业余爱好者，而且越来越多的人被吸引到了杠杆率更高、风险更大的交易中，比如期权交易。罗宾汉可以从做市商那里获得溢价，交易流量越不稳定，做市商的利润就会越高。

---

[1] 在订单流支付模式下，散户在罗宾汉公司等零佣金券商上的交易其实并不是被直接发送到纽交所或纳斯达克交易所执行，而是由券商打包发送给高频交易做市商。高频交易做市商再通过算法和时间差等各种交易策略，通过散户的买卖价差套利。

因此，从弗拉德和拜住的交易软件中受益的那些人，从"金融民主化"中获取的利益就更多了。艾玛没有因为他们的高利润而对其责难，也没有因为他们日进斗金的赚钱方式而指责罗宾汉公司。她是一位头脑清醒的专业人士，毕竟她自己也曾就职于基金公司。罗宾汉应用程序的用户可以不支付佣金进行交易，所以理论上每个人都是赢家。

理论与实践产生摩擦的时候，事情就不那么明朗了。

又一道闪光灯亮起，映照出弗拉德橡皮泥般的眼睛，有那么一会儿，他的目光与艾玛碰撞在了一起，然后他迅速把视线移开了。她也没有因为这件事责怪他，她已经习惯了这种反应。毫无疑问，她与弗拉德和拜住的会面将是短暂的，而且远不如他们俩拍照那样有趣。与记者不同的是，艾玛不找他们俩谈论"金融民主化"或"占领华尔街"，也不讨论中世纪打扮的猫。她并非来自硅谷，而是来自芝加哥，她想要与这两位年轻企业家谈论的是交易的具体细节。

就像弗拉德不想谈论"订单流支付"一样，他更不想谈论艾玛的专长。不仅因为其中包含了一些让人不舒服的事实——公众很难接受罗宾汉是如此赚钱的，而且在外人看来，艾玛的工作极其无聊。如果有人问起，艾玛会毫不犹豫地承认这一点：清算是金融领域最枯燥的那一部分，也是一个很少有人能真正理解，或者想要去理解的事情。就像"订单流支付"模式一样，金融清算与交易运作背后的渠道有关。在报纸杂志上，几乎从未有人谈论金融清算。艾玛永远不会在光鲜的杂志上看到关于清算的文章，更不会有人要求她在任何壁画前摆姿势拍照。

但这并没有减弱她的工作的重要性，也没有延缓她跟弗拉德要谈的事情。

这不是艾玛第一次拜访罗宾汉公司讨论清算问题了。事实上，罗宾汉公司刚开业时，艾玛的老板通过其投资组合中的一家金融清算公司——Apex 清算公司（Apex Clearing），帮助罗宾汉公司处理他们公司业务中"枯燥"的一面。这样两位创始人就可以尽情大展拳脚，没有后顾之忧了。

艾玛还记得第一次见面时的情景，她的老板马特·赫尔希泽和珍妮·贾斯特都是才华横溢的亿万富翁，他们凭借自己的实力，建立了就前瞻性而言，在世界上名列前茅的金融科技集团。当时马特试图用尽可能简单的语言解释，为什么每个试图在金融领域开创业务的人都必须从根本上理解清算工作，这一点至关重要。第一次见面时，艾玛甚至不用去看弗拉德的表情，就知道马特的话没有击中要害。当时，弗拉德手下负责业务发展的副总裁在整个会议过程中一直踩着一块滑板。马特漫不经心地提到了"30年代"股票交易结算的规则，概述了罗宾汉公司除了从用户那里获得交易资金之外，还需要多少钱才能与联邦清算所进行交易结算，而这位副总裁却评论道："2030年？那离现在太远了。"

马特尽职尽责地解释说："30年代"规则指的是20世纪30年代。早在20世纪30年代，许多关于股票交易结算的政策法规就已经付诸实施。在那个年代，想要进入金融业的企业家不会在开会时踩着滑板，也不会在墙上贴满拿着弓和箭的猫。

房间里的每个人都同意罗宾汉公司办公室的设计非常出色。但正如马特当时所说："弗拉德，你是米开朗基罗，是艺术家，而不是工程师。这不是什么画，也不是什么漂亮的雕塑。这是一栋建筑，是圣彼得大教堂。如果它倒下了，人们就会受伤。"

这件事从一开始就很明显：房间里较为成熟的人，包括艾玛的老板都无法真正与独角兽公司的创始人建立联系。这次见面后过了几年，罗宾汉公司决定在内部处理清算业务，其方法是在公司设立清算部门充当联邦清算所的中间人，以便后者监控他们的所有交易。这是个奇妙的想法，你无法完全理解旁人告诉你的事是至关重要的，所以就下定论自己能更好地完成它。

两年之后，艾玛代表她的公司又回到了罗宾汉，看看他们是否愿意重新讨论清算的话题。但看到弗拉德和拜住直到拍完照片都没有正眼瞧她一下，她就知道他俩不会听取自己的建议了，他们会继续按照自己的方式处理清算业务。

虽然这次艾玛没有看到滑板，但她心里很清楚，独角兽公司更像是一座梦幻岛，永远不会有成年人的监督。此外，弗拉德和拜住可能认为，他们的应用程序并不是为那些无论如何都想要监督他们的成年人开发的。尽管他们有自己的商业模式和赚钱方式，但他们坚信罗宾汉应用程序不是为华尔街交易部门的大亨们打造的。

艾玛不禁在心里发问，他们到底认为罗宾汉公司是为谁创立的呢？

第 6 章
孕妇的踌躇

密歇根州,喀里多尼亚。

沉闷的下午 2 点。

在闪亮秀发美容店 3 号美发师的推车旁,萨拉·莫拉莱斯把疲惫的小腿架在一张躺椅的乙烯基塑料脚凳上,上半身则尽可能地向后靠在铺着软垫的头枕上,当然这也要在她那酸痛的肩膀允许的范围内。调整好姿势后,萨拉将手机轻轻地放在肚子上,手机随着每一次疲惫的呼吸上下起伏,但无论上半身向后靠了多远,她仍然可以很舒服地看到手机屏幕,这主要是因为她的肚子现在大约有一个熟透了的葡萄柚或小哈密瓜那么大,肯定比一周前要大,而且最近几天似乎每时每刻都在增长。她的肚子和小腿酸胀,疲惫也似乎每天都会在这个时候袭扰她,这个点儿离午餐太近,吃零食不合适;离晚餐又太远,吃一顿饭也不合适。但抛开这些不谈，怀孕4个月还是有好处的。

没有人会责怪她在一个未启用的美容店内独处几分钟，这个美容店出人意料地注重私密性。因为疫情原因店内搭起了薄薄的塑料隔板，她两侧的乳白色塑料布足够透明，所以不会让她的幽闭恐惧症发作，即使在一个以椅子为主的空间里也是如此，脚凳距离镜子墙只有几英寸的距离，镜子墙和美容厅一样长，洗发盆自从这家店重新开张后还没使用过，头枕就在它上方几英寸的位置。做头发是一件正经事，萨拉甚至会说这件事是必不可少的，虽然疾控中心、总统、州长或任何当权者都不会这样想。闪亮秀发美容店也已采取了一切可以想象得到的预防措施：进入店内的客户需佩戴口罩，造型师也要戴着口罩或者防护面罩，一切都像糟糕的第一次约会一样尴尬。但是当局已经下定了决心：一旦你的头碰到了洗发盆，洗发盆中有温暖的水在流动，那么所谓的"必要活动"就会变成"娱乐活动"，理发也就超出了其原本的目的。

当然，萨拉来闪亮秀发美容店并不是出于必要或娱乐的原因，她出现在那里只是为了一张可以领取薪水的支票。在距离她椅子几英寸的地方，靠在塑料隔板上的是她工作用的扫帚，她要用扫帚把那些闪闪发亮的头发打扫干净，以免它们堆积成一小堆，绊倒两个为少数仍在乎外表的喀里多尼亚中等收入居民服务的发型师。美容店一天最多只有4位顾客。这些顾客就像抢劫银行一样，戴着口罩进出美容店，同时计算着共享空气的时间，用尽可能少的语言来表达他们的需求。他们中的大多数人把车停在停车场后，没有熄火，准备随时离开，旁边还有一瓶瓶洗手液堆积如山，萨拉对此并没有感到惊讶。

即使已至日暮，萨拉的扫帚也几乎和丈夫特雷弗的脑袋一样光秃秃，早上他曾送她来上班。美容店里此刻只有一位顾客，另外两个美发设备手推车也闲着。她假装在看从家里带来的杂志，因为造型师正在为顾客的头发做廉价的接发——这意味着萨拉在再次使用扫帚之前还有很多时间。她有充足的时间来处理最新的事业，这件事占据了她越来越多的休息时间，似乎远远超过了她正常工作的时间，其标志就是手机屏幕发出的近乎霓虹灯般的绿色光芒。

萨拉不太记得她第一次下载罗宾汉应用程序并开通交易账户的时间，但可以肯定的是那是在去年的某个时候。和许多人一样，她认为，正是那个疯狂的红迪网论坛驱使她发现了这家狡猾的在线经纪公司。在偶然发现 WSB 论坛之前，她对任何股票市场都提不起兴趣。虽然她在大学里学过几门经济学课程，但金融从来没有真正让她兴奋过。和其他人一样，她在 2020 年的头几个月里很偶然地发现了 WSB 论坛。

她当时的时间和精力几乎完全用在了婚礼的筹备上。事实上，她梦寐以求的婚礼本应在年底举行。婚礼上会有数百名客人,还有她整个大家庭的成员,他们全都坐在布满蜡烛和鲜花的教堂里,父亲会牵着她的手走过红毯,周围的每个人都会站在那里微笑、流泪,一起为她鼓掌。他们会在临近教堂的一家不太豪华的酒店宴会厅里举办招待宾客的宴会,那里提供开胃菜、开放式酒吧,还有现场乐队。但是因为疫情,她梦寐以求的婚礼从未实现。

但在当时,她还不知道接下来会发生什么,所以把大部分的空闲时间都花在了互联网婚礼网站上。从缤趣(Pinterest)上那些超出她支付能力范围的奢华婚礼照片,跳转到脸书上的帖子,她像池塘里的青蛙一样跳来跳去,这些帖子最终把她带到了红迪网上一个专门用于讨论插花的版块。某个不经意的晚上,在一场关于郁金香和百合孰优孰劣的激烈讨论中,萨拉注意到另一个与准备婚礼无关的版块。这些发帖者还在继续讲述着那个版块是多么反常且令人厌恶,它似乎被那些自称"孤独症"和"堕落"的年轻人所主宰,并使用粗俗的语言和肮脏的模因表情包来表达他们的观点。此时的萨拉已经对郁金香和百合的讨论厌倦了,于是想去看一看这个反常的角落。

当她第一次转到 WSB 论坛时,她也对论坛中的一些语言感到厌恶。她不喜欢"智障"这个词,她也不确定人们所发布的东西——那些显示亏损和收益的疯狂投资组合是真实的,还是仅仅是胡说八道。但她确实感受到了 WSB 论坛正在出现的社区意识,这种意识是她访问过的任何其他网站上都没有出现过的。尽管大多数发帖者可能都是男性，但是她可以确信，有相当一部分人比婚礼用花论坛里那些吹毛求疵的女士们更多样化，也更像她。

即便如此，萨拉怀疑如果疫情没有发生，自己是否还会浏览WSB论坛。她太忙了，因为2020年本该是属于她的一年。不仅是婚礼，还有其他许多事情。她即将年满30岁，也即将结婚，她的未婚夫特雷弗刚刚得到了一份新工作，在科罗拉多州丹佛市的一家小型初创公司担任IT（信息技术）经理。她和特雷弗制订了很多计划：他们找到了一栋可以租赁的完美的联排别墅，房间里可以看到山景，距离特雷弗的办公室很近。他们已经选定了婚礼的日期——10月6日，甚至还挑选了请柬。请柬的主体色调是柔和的白色，在边角处有鲜花，还有一张小卡片，你可以在上面选填鸡肉或鱼。

哦不，应该还有第三个选择——新冠疫情，因为他们的每一个计划在疫情来袭后就立即被抛到了九霄云外。他们没有搬到科罗拉多州，而是像其他人一样在原地避难。疫情暴发3个月以来，人们都会用消毒湿巾擦拭从杂货店买回来的东西，从药店回家后洗澡，戴上口罩，甚至戴上了手套。萨拉眼睁睁地看着那些原定于3月和5月举行婚礼的朋友们一个接一个地被迫取消婚礼。面对每一次取消，她和特雷弗都会大眼瞪小眼地看着对方，知道距离10月并不遥远了，也知道这是他们谁都不想承认的事情。

他们再没能发出那些邀请函。更糟糕的是，丹佛的这家初创公司失去了融资，他们最终在距离底特律更近的喀里多尼亚租了一套小的两居室，而不是可以看到山景的联排别墅，他们都是在底特律长大的。

幸运的是，特雷弗成功地找到了一份新的 IT 工作，是一份医疗设备集团后台办公室的工作，平平无奇。而萨拉则做着一份在美容店清理头发的工作，为的是能给家庭增添点收入。

闪亮秀发美容店并没有什么特别之处，就是那种你在小城镇或购物中心看到的连锁美容店，不太脏，也没什么特别之处，对萨拉来说，它只是一个她可以用扫帚赚几个钱的地方。事实上，她在工作方面有更大的计划，在丹佛时她一直在研究创意设计，这是她在大学里学过的东西，但目前更重要的是为家庭做出力所能及的贡献。

取消她梦寐以求的婚礼，转而选择在父母家的后院举行一个小型仪式，对她来说是一剂难以下咽的苦药。尽管如此，那天还是很美好，天气晴朗，阳光充足。虽然只有少数家人和密友在现场见证她的婚礼，她的父亲还是陪她走过了红地毯。尽管萨拉为这场没有如期举行的婚礼而感到难过，但不久之后，她发现了自己期待的好消息。尽管她在 2020 年失去了那么多，就像新冠疫情夺走了很多一样，但她觉得自己得到了更珍贵的东西。当孩子出生时，她知道一切都会改变。这就像是一个新的开始。

但在那之前,她一边每天用扫帚打扫着头发,一边看着自己的肚子一天天变大,仍然几乎与朋友和家人隔绝。她有特雷弗,但有时,即使她很爱特雷弗,也仍然觉得不够,觉得生活少了点什么。

在许多方面,WSB论坛填补了这一空白。她知道这有点愚蠢,互联网信息网站上的一些陌生人发布表情包,用粗俗的语言谈论股票,对于任何正常人来说,这些都不应该是会令人产生满足感的事情。但此时此刻,萨拉主要的期待是,有个自己的孩子,改善情况,再找到一份与现在不同的工作,重新回到她的社交圈。每天花几个小时沉浸在那些无脑的免费链接中,为买入高风险股票的陌生人点赞,为愚蠢的烧钱行为点踩,难道这样做真的有错吗?

尽管如此,在对这个网站越来越上瘾的几个星期后,萨拉意识到她没有向任何人提起过这件事,甚至连特雷弗也没有。她不确定他会怎么看待她的行为,在他们共同的家庭生活中,一直是特雷弗负责处理财务问题——账单、税单以及他们设法拼凑起来的各种少量投资,他们两个几乎从不谈论有关金钱和投资的话题。她不记得他们是否真的提到过股票市场,这从来都不是他们讨论的话题。

因此,她并不是要故意隐瞒对WSB论坛的兴趣,但她喜欢自己能有这样一个小天地,做一些其他人都不需要知道的事情。如果特雷弗真的发现了,她不知道他会怎么想,但至少她可以说出她学到了多少关于华尔街、金融和股票的知识。

而且萨拉也不是要买股票，至少现在还没有。阅读着论坛的内容，看着这些她只知道网名的人在高风险头寸上大举押注，她意识到自己对华尔街有了一些相当深刻的感受。这或许可以追溯到她的童年，她是在底特律蓝领郊区长大的孩子。和认识的其他人一样，她的父亲也从事汽车行业，他是一家零部件供应商的运输经理，所以她目睹了 2008 年的金融危机。很多朋友的父母都被迫接受了收购，最终失去了房子，被迫搬了出去。她和其他人一样阅读了报纸上关于华尔街大银行接受救助的故事，紧随其后的是汽车公司本身，但毕竟她的家人和所有朋友都失去了工作和住房，所以她从来不认为这是公平的。

这让萨拉既愤怒又失望，而且她从小就在对政府的不信任中长大。政府本是为保护像她这样的普通人而设立的机构，但似乎政府并没有真正做好自己的工作。似乎政府真正在保护的是富人、银行和汽车公司。而那些已经拿到高额薪水的人，他们从一开始就没有太多需要担心的事情。尽管当时她只有 20 多岁，但她已经目睹了这一切：401（K）计划被摧毁了，房地产市场走向了地狱，辛勤工作的人左右为难。

萨拉清楚地看到 WSB 论坛上的帖子中涌动着愤怒的暗流。尽管论坛中的一些人很显然只是为了赌博，以追逐从冒险中所获得的快感，但其实更多的人试图用自己的资金来表明态度。他们分享股票信息，互相结盟与华尔街对抗，参与了一场反对权贵的阶级斗争，因为这些权贵一生都在欺骗像萨拉这样的普通人。

这些帖子将她引向了罗宾汉应用程序，这款应用程序给了她和华尔街的银行家一样的金融工具。银行家多年来一直在利用这些工具来操纵整个金融体系，使其对自己有利。她对这款应用程序很感兴趣，于是把它下载到了自己的手机上，她甚至将一些钱转移到了应用程序中，这本是婚礼预算中的几千美元，她一直没有花掉，此外还有一部分她和特雷弗收到的来自政府的新冠疫情补助支票——1 200美元，这笔钱应该不会对她的生活产生真正的影响。最坏的结果无非就是失去几个月的房租、几笔车贷，然后她就又回到了起点。她在一家美容店里用扫帚清扫头发，等待自己的孩子出生。

也许她真的可以做些别的事。也许WSB论坛上那些疯狂的、堕落的、满口脏话的帖子是有道理的。

她斜靠在椅子上，一只手摸着她葡萄柚般大小的肚子，一边浏览着罗宾汉应用程序，一边还看着她在WSB论坛上读到的股票图表消息。她想知道，碰碰运气有什么不对吗？

没有比密歇根州喀里多尼亚的闪亮秀发美容店离华尔街的交易柜台更远的地方了。但有了她从WSB论坛所获得的股票信息，再加上就在她手机里的强大工具——罗宾汉应用程序，似乎一切对她来说并不是那么不利，竞争也不会那么不公平。想象着这一切，她摇了摇头，然后关掉了手机。她还没准备好迈出下一步，虽然拥有了强大的工具和 WSB 论坛上那个充满赌徒和勇士的新社区，她仍然在等待什么东西把她推到那个边缘。在这之前，她满足于袖手旁观，虽然她对事与愿违感到沮丧，但现在她有了这个发泄不满的出口，这已经足够了。至少现在她有了这个秘密，而这些都属于她自己。

她把手机放回裙子口袋里，然后从躺椅上站起来，把注意力转回到扫帚上。

第 7 章
基思找到了盲点

老兄,大家都觉得我疯了,而我觉得其他人才是疯了……

基思·吉尔的身体向后靠在他的兰尼斯特电竞椅上,他的手伸到脑后,把大手帕上的结拉紧,感觉丝质布料扎进了自己的皮肤。他的整个身体都在颤抖,胸膛在另一件标志性 T 恤下起伏不定。这件 T 恤上面印着一只斑纹猫,那只猫正在跳跃中,爪子大张着——这是一只足够疯狂和饥饿到可以吞噬整个世界的猫科动物。

基思稳住自己的呼吸,仔细看了看办公桌,以确保他的所有交易工具都触手可及。他的图表、记事本、魔力 8 号球,还有乌诺牌都在。当然,今天他还有点新东西:一盘新鲜出炉的鸡柳。当他在烤箱里加热它们时,卡罗琳还以为这是他为女儿准备的食物。当他把盘子端到通向地下室的门时,她翻了个白眼。

多年来他一直从事深度价值股的交易，但从未忍受过如此沉重的看跌情绪。

尽管他怀疑自己是否能吃到"鸡柳"——这个词已经在WSB论坛上流行开来，指的是通过"股票"（stonks）投资获得的暴利。"stonk"这个词也是一个通过网络模因在WSB论坛上大热的表达，一个自嘲式的表述，意思是在这场特殊的网络直播中，任何通过红迪网上WSB论坛对股票发表意见或者是跟风操作的人，都处在网络的最底层，就如一个中学课堂里坐在最后一排啃蜡笔的那个傻孩子。

这不是最好的几天，但基思仍然像往常一样保持乐观。他妄想一切如常：他的女儿下午去公园游玩后，卡罗琳把她带回家，女儿或许能吃上一口鸡柳。

基思眼前的笔记本电脑已经开机，但还没有切换到他当天直播的页面，而是先打开了WSB论坛。在过去的几星期里，基思变得非常勤奋，他疯狂地在股票论坛上发帖，频繁地更新交易组合，以便与他的优兔视频和推特中的内容相吻合。总的来说，他的帖子非常简单，交易账户的截图上列出了他的所有头寸——包括他美元账户的总价值，以及每天的盈亏。近几个月以来，他的帖子变得更加简单，因为尽管他的"武器库"里有几只目标股票，但他的账户现在基本上是围绕着一只股票。通过购买股票和看跌期权，他彻底实现了一种单一、孤独、孤注一掷的投资行为，这使他将自己的资金杠杆提高到一个相当极端的水平。

他预计这种状态将在今年下半年发生转变，届时投资者将开始寻找新的方式，并开始发现所有他所发现的情况。

基思刚开始并不看好任何单只股票。它是慢慢变成这样的，这不像是一时痴迷，反而像是一场感染。事情发生在大约18个月以前，当时直播在他的脑海中只是一个模糊的概念。但现在不得不承认，他完全投入进去了，而且更为重要的是，直播与他在现实生活中的所有关系一样深刻且真实。这是因为他一直通过直播和帖子努力分享有价值的信息。

"我明天会像往常一样在交易数据读出后再发布更新。它会很难看，每个人都会像往常一样嘲笑我。"

他的声明在最初和之后很长一段时间内都遭到了大多数人的嘲笑。他也不得不承认这是完全公平的。尽管他是一个额头上系着大头巾、上身穿猫T恤的傻兮兮的人，而不是华尔街办公桌上的交易员，甚至也不是万通互惠人寿保险公司隔间里的交易员，但他显然不是一个业余爱好者。他明白，不是每个人都看得懂他编制的图表和所做的研究，也不是每个人都能够轻易理解在他看来显而易见的东西。他所接受的教育足以让他知道，选股票就像数学一样充满了魔力。毫无疑问，天才和妄想之间只有一线之隔，基思也不能完全确定自己属于哪一边。也许这种嘲笑正中他的要害，也许是他深陷其中而被蒙蔽了双眼，让自己看到了一些并不完全存在的东西。

"但我预计游戏驿站（其股票代码为 GME）将会反弹，就像前两次财报公布后的一样。"

2019 年 7 月，当基思第一次买入游戏驿站时，他觉得自己几乎是在孤军奋战，他认为该公司的价值被大幅低估了。这是一家具有 35 年历史的实体专营商，其旗下拥有 5 500 多家门店，专营电子游戏主机和实体游戏销售，转售相关电子产品和异想天开的反文化玩具（如腌黄瓜瑞克人偶和《堡垒之夜》动作人偶）。在这个一切都走向数字化和在线化的时代，这些当然并不在任何人的热门名单上。游戏驿站的销售额仅在 2019 年上半年就下降了超过 13%，且下降趋势已经延续多年。现在又恰逢该公司领导层不断轮换，在过去一年里该公司任命了不少于 5 位首席执行官。销售额下降，领导地位消失，几乎没有前瞻性的战略目标，当基思刚开始关注该公司时，其股价一直徘徊在 4~5 美元，无怪乎基思基本上是在孤军奋战了。

但基思最初的兴趣不仅仅是进行逆向投资。他将自己的深度研究策略应用于游戏驿站，并开始发现其他人可能会遗漏的东西，这并不是什么不可靠的行为。游戏驿站是电子游戏领域的基石公司之一，该领域的零售部分收入增量仅在 2019 年就超过了 1 500 亿美元，而且没有任何放缓的迹象，因为有越来越多的人将时间花在网络游戏上。游戏驿站显然未能利用其原有的用户基础和在游戏领域的先发优势来克服其实体经营的弱点，但这并不意味着它无法转型。游戏驿站就像之前的百视达、博德斯集团、黑莓等许多公司一样，对在线业务转型没有做出及时决策，但这仅仅是上述公司自身存在管理问题，并不意味着他们没有时间转型。

当然，基思也不能忽视自己倾心于游戏驿站的情感因素，像他这一代的许多人一样，他非常喜欢游戏驿站。他从小玩电子游戏长大，他最快乐的那些记忆是在位于布罗克顿的韦斯特盖特购物中心的游戏驿站商店闲逛了几个小时后，最终选择一个电子游戏。他和他的兄弟会在周末如饥似渴地玩游戏，只为周一可以拿回商店并交换其他游戏。当然，那个时候你别无选择，只能在实体店买实体游戏，这在当今时代的年轻人看来就像他们看到迅猛龙一样，但基思认为这种体验不可能完全通过网络获得复制。对基思来说，这些感觉从未真正消失。

也许像百视达这样的公司已经不再有意义了，但那是因为百视达一直在销售的东西已经不再有意义了。而游戏市场不同，它只会变得越来越大，游戏主机只会变得越来越好看，游戏社区也会变得越来越壮大。

最为重要的是，基思选择游戏驿站这样的股票还有一个原因，那就是：其他人都认为游戏驿站正处于崩溃的边缘。有如此多的资金集合在看空的层面——如此多的空头头寸，以至于如果基思是正确的，那么其上涨的速度可能会比下跌的速度要快得多。

作为一名金融教育者，基思花费了相当多的时间，以一种简明的、让不太精明的客户也可以理解的方式分析卖空的行为，有时甚至是分析卖空的艺术。举个例子来讲，当交易员认为一家公司已经陷入困境，而该公司的股票又被高估时，他们可以"借入"股票，然后全部卖出，当该公司的股票像他们所预期的那样下跌时，他们就可以以较低的价格重新买入该公司的股票，将其归还给曾经借给他们股票的人，并将其中的差价收入囊中。假如游戏驿站的股价现在是 5 美元，你可以先借入 100 股，然后以 500 美元的价格卖出；当股价跌到 1 美元时，你以 100 美元的价格买回 100 股，然后将其返还借给你股票的人，这样自己就赚了 400 美元。你向贷方支付了一点费用，并获得了丰厚的利润。

但是，如果股票不跌反涨，会发生什么呢？如果游戏驿站想出了某个绝佳的办法，利用好每年在视频游戏上花费数十亿美元的几百万怀旧客户，会发生什么呢？如果股票价格一下子涨到 10 美元而不是跌到 1 美元又该怎么办？

这就会导致卖空者（空头）彻底破产。卖空者借入 100 股，然后以 5 美元的价格卖出，而现在股票的价格是每股 10 美元，因此他需要以每股 10 美元的价格归还其借入的 100 股。但以每股 10 美元的价格在市场上购买这些股票意味着要花 1 000 美元。

更为糟糕的是，当他借入股票时，他同意了归还这些股票的时间期限。他头顶上好似挂着一个嘀嗒作响的时钟，所以他只有一个选择——现在以每股10美元的价格回购股票，这笔交易会让他损失500美元；或者再等等，希望股价在他的时限到期之前能够回落。但如果他再等一等，股价继续上涨怎么办？他迟早要回购那些股票。如果股价涨到15美元，或20美元，他就会被这100股股票套牢。而且从理论上讲，他可能损失的金额是没有上限的。

这意味着，如果游戏驿站股价确实开始以某种方式上涨，做空该公司的人将开始感到买入的压力倍增。股价上涨越多，压力就会越大。而随着空头开始回补，买入股票并将其返还给贷方，该股的价格还会进一步上涨。

用金融术语来说，这就是所谓的"轧空"。这种情况并不会经常发生，但当它发生时，可能会非常惊人。一个最为著名的案例发生在2008年，作为竞争对手的保时捷出人意料地试图收购德国汽车制造商大众，导致大众股价在短短两个交易日内上涨了5倍，使其短暂地成为世界上市值最高的公司，同时卖空基金却难以回补头寸。同样，两位对冲基金巨头——潘兴广场资本管理公司的比尔·阿克曼（Bill Ackman）和卡尔·伊坎（Carl Icahn）之间的争斗导致保健品制造商和所谓的"金字塔"式营销商康宝莱遭到轧空，据报道这次争斗使阿克曼损失了10亿美元之多。第一次被广泛报道过的"轧空"案例可以追溯到20世纪，即1923年，百货大亨克拉伦斯·桑德斯（Clarence Saunders）成功地打击了那些瞄准其连锁百货商店——小猪商店（Piggly Wiggly）的卖空者。

由于太多人普遍押注于游戏驿站和实体零售业的空头头寸，因此总体的空头头寸金额巨大，几近骇人。在过去的6个月，有时空头头寸会占据总流通股的50%以上甚至100%，这意味着游戏驿站现有的几乎所有的股票都是卖空者借入和卖出的，所有卖空者都有义务在未来的某个时间回购这些股票。

那么，如果基思是对的，股价不跌反升呢？那就会像看着投资者试图通过一扇狭窄的门从着火的大楼里逃出来一样。作为一名金融教育者，基思非常明白卖空可能是市场上风险最大的那类交易。你必须十分确定一只股票会下跌才能卖空，因为你的上涨空间有限，但理论上你的损失却可能是无限的。这么多有能力的投资者押注在做空游戏驿站上，这意味着该股可能真的是很糟糕，但这也同时意味着这只股票已经装满了火箭燃料，点燃其并将它送上月球并不需要太长的时间。

所以，基思开始买进了。一开始他只买了一点，但是买股票是会上瘾的，尤其在罗宾汉应用程序上。然后几千美元的股份很快就变成了53 000美元的总股份，其中有些是直接股权，有些则是看涨期权。基思足够老练，能理解期权的内在风险，购买期权不像卖空那样危险系数太高，因为你的潜在损失是有限的，你也可以让期权到期。期权的含义是，你花钱购买一种权利，以便在某一日期前以某一价格购买一定数量的特定股票。以 100 股为单位购买期权，所需费用是根据需求收取的，这与人们认为的股价走势有关。由于你为这 100 股股票支付的费用只是挂牌价的一小部分，所以你可以用相对较少的钱把自己的杠杆转化为非常大的头寸。如果价格上涨，你可以赚到很多钱；如果价格下跌，你的期权就一文不值了，但你只是损失了最初的投资。

在基思这样的散户投资者购买的期权中，有 80% 过期后就一文不值了，但当你只有少量的钱可用时，这就是最优选择。考虑到他有一个两岁的孩子、妻子和一套房子，53 000 美元也是一笔不小的数目了。这和他父亲年轻时一年赚的钱一样多。但这次基思确信，即使股价徘徊在每股 5 美元左右，他也算发现了其他人没有发现的价值。

当他第一次在 WSB 论坛上发布关于游戏驿站的帖子时，人们的反应是两极分化的，既有颇感兴趣的，也有满怀赤裸裸的敌意的。这种情况直到 2019 年 8 月才被扭转，当时，基思在周四早上醒来时发现股价飙升了 20%。结果，迈克尔·巴里这位著名的投资者兼对冲基金经理——他曾经预测了 2008 年的房地产崩盘，也是迈克尔·刘易斯和亚当·麦凯执导的电影《大空头》中某个角色的原型——他给游戏驿站公司的董事会写了一封信，信中透露出他的赛恩资产管理公司购买了该公司可交易股票的3%，即275万股，他相信游戏驿站的状况比任何人想象的都要好。在接受《巴伦周刊》采访时，巴里进一步指出，索尼和微软都将推出游戏机，而且两家公司都还没有放弃光盘驱动器。虽然有很大一部分游戏玩家已经开始以数字下载的方式玩游戏，但这将为游戏驿站吸引更多客户，而游戏驿站目前的情况是"看起来比实际情况还要糟"。巴里的买入行为不仅提振了股价，还激励了WSB论坛里的一部分社区成员，或者至少让他们意识到基思的行为可能并不是毫无根据。WSB论坛对巴里有一定的好感，巴里自称患有孤独症谱系中的阿斯伯格综合征，克里斯蒂安·贝尔曾在电影中演绎他古怪的性格，这与那些经常在评论中称自己为"孤独症患者"的网民极为相似。从某些方面讲，自嘲是一种自我防御机制，也是一种标榜社区氛围与主流相反的方式。WSB论坛并不是由成功人士所组成的，那里都是些普通人。

在巴里的发言引发市场效应后，基思开始在WSB论坛上崭露头角。那天下午，他在他的常规帖子上写道："嘿，巴里，非常感谢你提高了我的成本基础。"一位自称Techmonk123的网友回应道："我的天，你为什么在游戏驿站上花了53 000美元？"

基思回击道："事实上，它的价值远远超过8美元/股，而且有许多具有催化剂性质的因素可能在未来18个月使它回归到公允价值。"

基思最初的投资已经翻了一倍多，他的股票账户已经有了超过 113 000 美元的余额，但持怀疑态度的人仍然远远多于持肯定态度的人。他的"咆哮猫"视频仍然只有不到 500 名观众。

基思已经拥有超过 10 万美元的股票，他知道原本可以用这笔钱来改善自己的生活。也许可以买一套房子而不是继续租房，也许可以去某个地方旅行。但是因为巴里的入场，他就不打算卖了。

另一位怀疑者发帖称："你让希望和梦想占据了上风，而不是听从市场的声音。"当时，基思只能坦诚地回应道："为什么你认为我的行为是基于'希望和梦想'，而不是基于合理的分析呢？"

转眼几个月过去了，基思没有改变他的观点，也没有动摇他的信念。在游戏驿站因疫情被迫关闭所有在美国的门店之前，甚至在游戏驿站公布其糟糕的 2019 年假日销售数据之前，基思都没有动摇。基思尽职尽责地继续发布他的报表，其中红色远远多过绿色，因为他几乎把自己所赚到的每一分钱都还回去了。

一位自称"野蛮煎饼"的评论者质疑他的决心："伙计，这里面有很深的价值，还有一具腐烂的尸体。对我来说，这东西好早就开始发臭了。"基思的回应有点像是一句个人座右铭："是的，我认为这里面有很深的价值，那就是的确有很深的价值。"

当然，基思内心深处知道他在做的事很疯狂。他是一个成年人，坐在自家的地下室，头上系着一条大头巾，身穿一件带有猫图案的T恤，双眼凝视着装满鸡柳的托盘，在优兔上开通了名为"咆哮猫"的频道，并在红迪网上以DFV的用户名发布帖子。

他理性的一面清楚地知道：热爱可能是危险的。推动你前进的信念可能会变成杀死你的东西。不过就算是真的，他也不会是第一个被热爱毁掉的成年人。

第 8 章
冒险就是最好的选择

听着就像是"软饮料"。

杰里米爸爸眼周交错的线条让他的眼睛成了引人注目的眯眯眼,也为他仍然年轻的外表增添了几分沧桑,他正打量着十几码外球道上的拦水器。尽管发际线迅速后移,两边剩下的头发上都能看到零星的白发,但安德鲁·波看起来也并不像是一个年近五十的人。不过他说得越多,就越不可能把他误认为其他身份,除了一位中年父亲。

"或许是巴西的电视节目。你确定你说的是对的?"

"开始挥杆吧。我们都知道它会落进湖中。"

杰里米的父亲终于把注意力转到了他靴子前面的球上,球停在一片结了霜的草地上。他双手紧握着高尔夫球杆,然后笨拙地向前倾着身子,让杆头离地面足够近。对于他将近 6 英尺高的身躯来说，手中的这根球杆实在是太短了，手柄正下方的金属还有些轻微的弯曲。上次感恩节前后杰里米造访父母家时，他和父亲在旧货拍卖会上买到了邻居的这根球杆。邻居曾试图卖给他们一整套装备，外加一个破旧的收纳袋，但杰里米的父亲认为一根球杆和少量的球就足够了。毕竟，他们两个人谁也不会打高尔夫球。

他的父亲边说边准备挥杆："'YOLO'（You Only Live Once，意思是鼓励人们即使冒生命危险也要享受人生）。不过，这听起来确实很酷。"

他把球杆举过肩膀，现在更尴尬了，这很明显是一个一辈子都没上过高尔夫课的人的动作。即使是在12月底的公共球场，父亲和他两个人也没有任何理由在高尔夫俱乐部球场的第6洞附近徘徊。地面上已经结了霜，甚至在部分结冰的湖的另一边，洞口边还堆积着未融化的积雪。

尽管如此，杰里米和父亲在外面还是玩得很开心，尤其这还是在圣诞节假期。这个季节通常不会这么早下雪，也许这也与新冠疫情有关；也许是因为没有人去往任何地方，全球变暖的脚步就停了下来，北卡罗来纳州的糖山县正在走向另一个冰河时代。

从达勒姆到他父母在蓝岭山脉度假小镇的家的长途车程既有趣又令人厌烦，路上车流稀少，421号公路沿途3个小时的路程中风景美不胜收，但杰里米大多时候都不得不听他弟弟喋喋不休地讲述其宿舍生活。虽然有很多限制，很明显卡斯珀在学校过得要比杰里米好，这就是杰里米要确保他们俩在途中大部分时间都戴着口罩的原因，因为他俩回到校园后会接受检测和隔离。

但在外边的高尔夫球场上，杰里米和他的父亲感觉几乎与往日没什么两样。此刻外面微风拂面，他们摘下了口罩，他的父亲与他保持着社交距离，周围也没有其他人。这可能是件好事，因为他们并没有穿高尔夫球服，反而穿着牛仔裤、运动衫和夹克外套，杰里米穿着运动鞋，父亲则穿着怪异的皮毛里衬靴子，这是他在阿什维尔西部一个美国印第安人赌场的商店里买的。但糟糕的是，他们只有一根球杆。父亲突然以一记有力的挥杆将球击中，球以一个可怕的角度向前飞掠，更像是一个平直球，而不是反重力弧线。球在降落到结冰的湖面之前，已经穿越了湖面的一半。它弹了两下，又跳了一下，然后就一头扎进了水里。

父亲说："还是教不了你。"

尽管这一击很难看，但杰里米知道他的爸爸比他和弟弟两个人更像个运动员，他和弟弟修长的体形都是从妈妈那里遗传来的。安德鲁·波在高中时参加过多种运动，后来在大学时开始踢足球。现在随着年龄的增长，他的身材基本上没什么改变，尽管他的身材比杰里米童年记忆中要圆润一些。但看到父亲的体重增加，杰里米并没有感到烦恼，而是恰恰相反。杰里米大多数时候可能会忘记，他的父亲仍然每隔几个月就会去拜访一次肿瘤专家，并进行例行检查，但他怀疑自己是否会停止对父亲健康或行为举止方面任何变化的担心。

"你一定是在我上学的时候练过球。"杰里米边说边从父亲手中接过球杆，然后把手伸进夹克口袋里，拿出另一个高尔夫球，把它扔到了他的鞋子前面。

"当然，"他父亲回答说，"自从我们搬进来后，我每天早上都和你妈妈一起来这里。所以这个'YOLO'，不就像是一句座右铭吗？"

杰里米用球杆的一头敲击地面，检查它的重量。

"这更像一种财务策略，你做研究就要深入研究基本原理，还要学会权衡风险和把握赢利机会，确定后你就赌上一切。"

杰里米把球杆举过肩膀，瞄准目标，使出全身力气抡起来。球杆头离球还有半英尺远，杰里米由于惯性差点摔倒。等他终于稳住身形时，他笑了。

杰里米不得不承认，这听起来确实有点可笑。"YOLO"似乎是你在自助图书中读到的那种话，它敦促你不要为小事烦恼：你可以预定去伊维萨岛的旅行，也可以在自己心仪的皮衣上挥霍一下。但作为一种投资方式，它近乎不可理喻。然而，杰里米在WSB论坛待的时间越长，他就越相信对于像他这样的普通年轻人来说，困在当下这个混乱的时刻，面对着不公平的竞争环境，力争最好反而代表着一种反常的逻辑。

在过去的几个星期里，WSB论坛中有一大群人一直在围绕交易理念进行讨论，杰里米对此并不感到惊讶。具体来说，网站上地位增长最快的明星、一位自称DFV的人所发的帖子就是代表。自从发现DFV关于游戏驿站的帖子，杰里米花了很多时间在优兔上观看这个家伙以"咆哮猫"为名发布的直播视频，杰里米不得不承认这个家伙真的很有魅力。DFV很聪明，坦诚地公开自己的研究，并用通俗易懂的术语解释他所做的交易背后的逻辑。他并没有想要唬任何人，似乎也没有任何不可告人的动机。他只是真的很喜欢游戏驿站，并决定对其采取"YOLO"定位，即尽可能多地押注该公司股票，并使其走得更远。

令人震惊的是，DFV的投资成本并没有消失，它并不像杰里米在网站上关注的90%的"YOLO"式交易那样。事实上，对于DFV来说，这次投资行为进行得非常顺利。虽然迈克尔·巴里2019年夏天宣布对游戏驿站感兴趣后，该股票的命运略有好转，但在几个月前，事情才真正开始有起色。8月底，DFV和他优兔、红迪网论坛上的粉丝注意到了美国证券交易委员会的一份文件。8月28日，一位名叫瑞安·科恩的亿万富翁企业家向美国证券交易委员会提交了一份文件，称其已经悄悄地以每股8美元左右的价格收购了游戏驿站10%的流通股——900万股。科恩曾在这只股票上投入了7600万美元，因为他相信游戏驿站可以扭转局面。

但与平凡的 DFV 不同，科恩是一个电子商务天才，10 年前他以 1 500 万美元的原始资金创立了一家名为 Chewy 的在线宠物食品公司，后将其发展成为一家具有 2.5 亿美元营收规模的一站式电子商务平台，并以 33.5 亿美元的价格将其卖给了 PetSmart 公司。2019 年 Chewy 上市时，其价值已飙升至超过 430 亿美元。

科恩对游戏驿站的投资是该公司股票的主要催化剂，在接下来的几个月里推动其股价上涨了 5 倍之多。这一次上涨让 DFV 从 WSB 论坛上的另类声音变成了一个传奇。

两天前，也就是 12 月 25 日圣诞节，DFV 发布了一个视频，杰里米已经差不多记住了视频的内容，这个人已经疯狂地持有了这只股票。在这段"咆哮猫"账户下标题为"LESSSSSSSSSSSSGOOOOOO"的视频中，DFV 一反常态，他看起来不知所措。他仍然戴着那标志性的红色大头巾，但没有穿猫 T 恤，而是穿着一件黑色 T 恤，上面印有电子游戏字体的口号"GAME OVER"，这让人想起了 20 世纪 80 年代和 90 年代的电子游戏，它们几乎都以这个精彩而不可避免的词语而结尾。

"嘿，大家最近怎么样，干杯！"DFV 开始了这段视频，然后他便开门见山：他在游戏驿站的 53 000 美元的投资获得了 100 多万美元的利润。DFV 似乎和其他人一样对事态的转变感到目瞪口呆。他只是一个普通人："我当然不会去买一辆兰博基尼开，我们租了这栋房子，你们看，这对我们一家人来说是一段疯狂的历程，在过去的几个月里和你们一起经历这件事非常有趣。"对杰里米来说，他目睹了一件令人难以置信的事情，而且这似乎不是某个幸运赌注获胜的结果。这看起来真的像是一项战略的成果。

"你看，"杰里米一边说，一边又摆出一副打高尔夫球的样子，"如果你是一家华尔街大银行，或者是某个住在豪宅里的富人，你会有能力让你的投资组合多样化，远离风险，追求定期、稳健的回报。但是，当你是一个有抵押贷款、学生贷款或车贷到期的普通人的时候——"

"这是'咆哮猫'说的？"

"是的。当你和我们一样时，多元化投资只是一种原地踏步的方式。这儿挣一点儿，那儿挣一点儿，对你没有任何帮助。当你最终卖出你的头寸时，你仍然面临着和以前一样的问题。你仍然过着同样的生活，有同样的账单要支付。"

"账单？谁来付账单？"

杰里米笑了。他知道自己享有特权——他的父亲仍然每月给他寄支票以支付他的生活费和学费。疫情之前，他曾为一位教授做过兼职数据科学工作，以便偿还学生贷款，但现在他大部分时间都在领取父母的救济金。他知道 WSB 论坛中有很多人的情况比他还糟。这场疫情对论坛社区造成了沉重打击，许多人失去了工作。这让杰里米更容易理解，他们愿意尝试用所拥有的每一分钱来改变现状，这不仅仅是渐进的，而且是具有里程碑意义的。

"你知道我的意思，"杰里米说，"所以，与其听那些在《今日美国》上撰写专栏或在 CNBC（美国消费者新闻与商业频道）上与你高谈阔论的财务顾问的意见，你不如自己研究，然后尽可能深入地挖掘并做大。这样你可以走得非常远。"

杰里米再次挥动球杆，这次他触到了球。但球没有向湖面方向前进，而是向右射出，直接被打入了一个低矮的雪堆中。杰里米摇了摇头，伸手从口袋里拿出另一个球。

"我明白了，"他的父亲说，"多元化是为婴儿潮一代准备的。对坐在教室最后排的孩子来说不太合适。"

杰里米扬起了眉毛。很显然，他的父亲至少注意到了自己在圣诞节前一周某些电子邮件和电话交谈的内容。也许他父亲甚至亲自花时间在 WSB 论坛上，查看了 DFV 的帖子——每个帖子的标题都是"'YOLO'游戏更新"和回复，甚至可能是一些荒谬的模因表情。杰里米确信其中大部分已经超出了父亲的认知，或者更准确地说，超出了他的承受范围。别说人们因为股票赌输而喝尿的视频了，改编自《人猿星球》或《星球大战》中的场景，都无法让他的父亲相信 WSB 论坛是一个寻求合理财务建议的地方。但正如杰里米试图解释的那样，论坛是以同龄群体的语言来维持运转的。如果杰里米在一个普通年代度过他的大四，他就会在酒吧、宿舍派对上甚至可能在联谊会堂里和他的朋友们聊天。而现在，他在一个叫 WSB 论坛的联谊会里通过互联网进行社交活动。

"YOLO"是在那种环境中非常合情合理的东西。杰里米开始相信以"YOLO"方式投资游戏驿站更有意义。这不仅是因为咆哮猫告诉他这只股票潜力惊人，还因为杰里米能够看到公司的基本面存在问题，而这无法让他相信游戏驿站的管理层有足够的毅力让公司走上正轨。杰里米知道对于近年来任何参观过该公司众多特许经营店的人来说，游戏驿站目前的样子非常过时。走进游戏驿站有点像走进一场类似于车库甩卖的快闪活动，店内的物品杂乱无章地散落在各处，玩过的电子游戏被堆在毛绒玩具和凌乱的游戏周边附近。在游戏驿站特许经营店迷宫般的书架间徘徊，感觉会很脱节，有时还很恐怖。一排毛茸茸的粉色填充动物玩具后面可能会突然出现一些可怕的啮齿动物。

如果通过某些方式，你真的找到了要找的东西，结账离开都是一次冒险。收款台前总是排着一条长队，像浮冰一样移动，商店的店员看起来总像特许经营店的典型顾客一样穷困、孤独、缺乏交谈。

但即便如此，杰里米仍然相信游戏驿站未来能够逆转。他相信瑞安·科恩真的能帮到游戏驿站，而WSB论坛的人也开始团结在游戏驿站周围。越来越多的人跟随DFV进入这场交易，杰里米明白这里面蕴含着的力量。他也想让父亲明白这一点。

杰里米知道他的父亲和WSB论坛上的每个人都一样相信"YOLO"。杰里米仍然清楚地记得，有一天，他的父亲早早地从一家中级律师事务所结束当天的工作回到罗利郊外的家中,杰里米在那里一直住到 7 岁,父亲向家人宣布了他的决定:他想放下一切,然后买一艘船。就在他年富力强的时候——他所在的律师事务所的老板也这样抱怨——他要收拾好全家的行李带着他们出海,把他们全都拉到佛罗里达,然后是巴哈马群岛,过着在家上学、在岛屿之间游走的生活。

八九岁的杰里米过着疯狂的田园诗般的生活,总想知道他的父亲到底是疯了,还是做出了最好的决定。直到 10 岁时,父亲让他坐在弟弟旁边,终于告诉了他俩自从他们离开北卡罗来纳州以来他一直藏着的秘密。

他的肾脏里长了一颗肿瘤,而且是恶性的。

那天晚上,杰里米上网查阅了一些资料,仔细研究了父亲告诉他的事情。虽然那个时候的杰里米还很小,但他很擅长使用电脑上网,每当双体船靠近一个港口或一艘更大、技术装备更好的船只时,他就会尽量偷用 Wi-Fi 信号。即使是一个 10 岁孩子对肾脏肿瘤的浅薄研究,也表明他父亲活下去的概率并不大。更为糟糕的是,父亲被诊断出癌症的时间恰逢 2008 年金融危机,此时市场很不景气。他的父亲不仅辞去了工作(无论如何他都有可能失去这份工作),还要考虑死亡的可能性,那就会留下妻子独自抚养两个年幼的孩子。因此,他卖掉了所有的股票和房子,带着所有行李和全家人一起搬到了船上生活。

谢天谢地，杰里米走了大运，他的父亲克服了困难，通过手术和治疗从癌症中幸存了下来，恢复了健康和银行账户中的大部分存款，还重新回到了法律界工作，而且最近又在糖山县买下了现在居住着的房子。但在这个过程中，他们得到了深刻的教训，那就是世事无常，生活很不公，还有冒险做一些疯狂的事情往往可能是正确的选择。

"那么你觉得要多少钱呢？"杰里米的父亲问道，杰里米可以听到父亲声音中的变化。尽管有那些愚蠢的模因表情包，但也许论坛上的什么东西已经让他明白了原委？是迈克尔·巴里不断增长的空头净额，还是DFV始终如一的乐观？或许他认为终于到了让杰里米领航的时候了。

"我学校的账户里有大约6 000美元。"杰里米回答说。

"这是买书和吃饭的钱。"

"这两样用不了那么多。"

"杰里米。"

杰里米再次挥杆，这次击中了他的第二个球的正中间。球以一个合理的弧线上升，然后直直地落进了湖里。父亲拍了拍他的后背，杰里米认为这种感觉很好，因为在2020年年底，只要是肢体接触，都会让人感觉很好。

"也许我也会买一些，"他的父亲说，"'YOLO'，对吧？"

然后他咧嘴一笑，伸手去拿球杆。

第 9 章
单亲母亲应声下场

当金把手指放在手机屏幕右下角那药丸形状的橙色数字按钮上时，肾上腺素的激增让她大吃一惊。她稍微犹豫了一会儿，任由那种感觉冲刷着全身。就在几分钟前，在结束一次 12 小时的值班后，她已经筋疲力尽了。她一屁股坐在功能齐全的小厨房里的桌子旁，推开了大儿子布莱恩的一叠教科书，差点儿掀翻了小儿子凯尔最新的一个乐高玩具。那是一个类似潜水艇或巨齿鲨的东西，这取决于从顶部伸出来的是鱼鳍还是潜望镜。现在疲惫已经完全脱离了她的身体。因为她正要做一些不符合人设的事，这令人兴奋，也许还有点疯狂。

天啊，这种感觉真好！

她瞥了一眼桌后，紧接着穿过小小的客厅，来到公寓另一边通往儿子卧室的走廊上。刚过晚上 9 点，房子难得能安静下来的时刻，金一点儿也不相信孩子们此刻真的睡着了。毫无疑问，布莱恩把他的 iPad 从床垫下拿出来了，为什么 15 岁的男孩会认为妈妈不知道床垫下藏有东西？凯尔很可能窝在被子里面握着手电筒，用冰棒棍在做一些东西——这是他目前痴迷的事情，也可能在摆弄金从中国某购物网站上买给他的上一个生日礼物——乐高死星积木，其价格只是美国售价的 1/10。她的前任男友曾因为乐高死星的事跟她过不去，说它会让这个可怜的孩子产生"无法达到的期望"或其他类似的胡言乱语，但金对这些话充耳不闻。她和前任男友的关系还算不错，事实上，她最近破天荒地和两个孩子的父亲都相处得很好，这种情况发生的概率和月全食差不多，所以她不想做任何扰乱局面的事情。目前的生活已经够艰难了，而她不想再应付那些争吵不休的旧日恋情。

此外，从各方面来看，金已经做得很不错了。她的公寓有三间卧室、一台新洗碗机，从公寓的窗户往外看去有一个安静的庭院，而公寓周围的建筑群大多也是新建的，这意味着一切还没有到分崩离析的地步。她的邻居基本上都是很友善的专业人士，邻居们尊重她是因为她经常穿着手术服回家，而且她的孩子们也不会在走廊里调皮地跑动。

事实上，他们都是非常好的孩子，在这个看似不正常的环境中做到了最好。布莱恩把时间分配在金和他的亲生父亲家，他们各自都尽力去友好地相处。她和布莱恩的父亲没有上过法庭，因为严格来说他们俩从一开始就没有正式结婚。

他们是大一时在宾夕法尼亚州立大学相识的，金当时是一名击剑运动员，布莱恩的父亲则是曲棍球队中的一员。他俩很快就走到了一起，到大一结束时，他俩已经整晚整晚地留宿对方宿舍了。

金大二寒假回家的第二天，意识到身体有些不对劲，于是第一次做了怀孕测试。19岁生孩子本来不是她和前任的计划，但金还是设法在宾夕法尼亚州立大学读完了大二，然后搬回家和父母住在一起准备生孩子。孩子出生后的那年秋天，当她在加州州立大学重新开始上学时，她和前任男友之间的关系已经逐渐恶化。于是她意识到，生活必须靠自己来过好。

6年后，金刚成为一名注册护士，还在照顾一个早熟的孩子，这时孩子的第二任爸爸出现了。起初是她前任在大学曲棍球队的一个队友在脸书上请求加她为好友，结果金发现这个人一直都很喜欢她。几条纯真的短信就让他们发展出了一段感情，然后她就主动地去了一趟马萨诸塞州找他，帮他收拾东西，包括他的两只狗和两只龙猫，然后开车横穿美国一起回到加州。几个月后，他俩在后院举行了简单的婚礼，她的儿子担任戒童。小儿子凯尔不久之后就出生了，然后她和二号爸爸的事情就泡汤了，这导致了离婚、多次出庭、常常收不到子女抚养费支票。她最终成了带着两个孩子的单身母亲，且背负着一大堆债务和她那破碎的梦想。

现在凯尔长大了一些，她和二号爸爸的关系也缓和了很多，而且护理工作已经帮她解决了大部分债务。孩子的抚养费也不是她能指望的，但她的两个孩子都适应得很好，也很快乐。两个孩子让她忙得不可开交，房间通常都是乱糟糟的。布莱恩经常待在自己的房间里，凯尔却有办法用自己的鬼点子占据房子的所有空间。冰棒棍可以铺满卧室，一包气球可以以某种方式占据客厅。一旦金接受在房子的控制权之争中她总是输家，情况就会变得好一点儿。

尽管如此，当孩子们熄灯休息而她自己独处时，这个停摆时刻感觉就像是个小小的奇迹，而且这个特别的时刻似乎更加幸福，因为她从上班打卡开始就一直在等待这一刻的到来。

她知道自己可能是个强迫症患者，有一种容易被某件事情搞得不知所措的倾向，而且她以前有很多爱好，高中和大学时是击剑项目，还有自我提升，这让她在20多岁的时候沉浸在托尼·罗宾斯的教义中长达一年的时间，她甚至去参加了几次他的周末静修课，学习如何识别自己的需求，如何集中精力，最后做出使自己真正改变的决定。当然还有当时的美国总统特朗普。在闺密安吉的怂恿下，她还花了几个月的时间去研究自己的祖先。安吉劝说她申请加入一个名为"美国革命之女"的慈善组织，该组织主要的入会要求是你要找到一位直系亲属，这位亲属还得是一位经过证实的美国爱国者。经过足够有针对性的寻找，金找到了一群符合条件的亲戚，其中包括一位曾叔祖父——他曾持有一把火枪，尽管她不确定他是否曾把枪口对准过人。

当她下定决心做某件事时，她知道如何深入。

但她和WSB论坛之间发生的事情完全是另一个层面的。起初这只是她在工作和家庭的空隙中打发空闲时间的一种有趣方式，比如浏览信息、为好的股票买入拍手叫好、嘲笑惨重的亏损，但后来这渐渐演变成了一种积极的消遣方式。她不仅会在论坛的公告板上发帖，大多是关于财务策略和特定股票的问题，甚至还亲自"下海"了，在看了一些特别有说服力的帖子后，用她的罗宾汉账户购买了一些股票。这没什么大不了的，因为罗宾汉应用程序对账户资金数额没有要求，所以她可以投入几百美元用来购买股票。尽管她已经亏损了大部分，但那种兴奋却是不可否认的。

现在她准备走得更远些，因为在过去的几星期里，她和WSB论坛的其他人一样，看到了一些非比寻常且意义重大的事情。

事实上，她对游戏驿站知之甚少。但她的大儿子很喜欢它，因为他大部分时间都在玩电子游戏。虽然几乎所有的东西他都是直接从网上下载的，但在一家专门为游戏者服务的商店走来走去，弄懂《堡垒之夜》和《罗布乐思》的不同之处，仍然是一种乐趣。金其实并不太关心游戏驿站这家公司——因为她发现自己完全是被游戏驿站股票吸引了，也就是"stonk"这个模因。

这都始于 DFV 的帖子和直播。她像寻找爱国者以研究祖先那样回顾这些内容，寻找让咆哮猫爱上这只股票的一切原因，以至于他愿意把大部分的钱都投入一只股票，对这只股票下了一个大赌注。她听他讲述迈克尔·巴里和瑞安·科恩的故事，以及他们对游戏驿站的支持。当他谈到空头净额时，她做了笔记，包括一只股票几乎所有的股份都被卖空可能意味着什么。她敬畏地看着他把 53 000 美元的赌注变成了 100 万美元的财富。

关于 WSB 论坛的运作方式，它不是某个趾高气扬的人物在电视上面对观众讲话，也不是某个"专家"抛出金永远都不指望能理解的术语。DFV 只是另一个普通人，谈论着自己深信不疑的疯狂的东西。

金喜欢在这里的每一分钟，她也想入场。她知道自己的部分动力来自"FOMO"（害怕错过某些东西），这种想法已经把这个留着胭脂鱼发型、爱猫的普通男人变成了百万富翁。她还知道，对她产生更多的影响的是围绕 DFV 和他的"YOLO"态度而发展起来的个人崇拜，而不是 DFV 评论中那冗长的尽职调查的帖子。

一旦她决定不再做旁观者，那么下一个问题就变成了如何选择时机，以及她可以下注多少。虽然可以做一些稍微不负责的、冒险的决策，但至少不能拿她和家人的未来冒险。总体来说，她是一个相当节俭的人，她仍然开着那辆 2006 年的本田车，尽管已经开了超过23万英里。她和孩子们的衣服都是在旧货商店购买的。她虔诚地使用优惠券，只在打折的时候才购物。她还通过工作获得了403（b）退休储蓄计划，这为她退休积累了一笔可观的小储备金。这些资金都被投入了一些安全的先锋ETF基金中，尽管新型冠状病毒令其有所下跌，但该指数基金仍然较为稳定。

由于金在WSB论坛上看到后随机购买的某些股票已经让她损失了大约400美元，她不得不小心翼翼地将5 000美元转入另一个交易账户。这是一大笔钱，但她选择这个数字有两个原因。让她感到欣慰的是，她和孩子可以在失去全部投资的情况下继续存活下去，如果DFV是对的，即如果游戏驿站股票的价格最多能达到目前每股16美元这个价格的两倍，那么她就能赚到足够支付布莱恩牙套的钱。

金的计划是从100股开始。与她在论坛上看到的某些帖子相比，100股微不足道，但对她来说却数量巨大，当她终于用手指按下"购买"按钮时，她的每个细胞都感受到了那一刻的激动。

虽然是在市场交易时间之后，但罗宾汉应用程序的账户令她感到十分激动。手机在她的手中震动着，尽管手机屏幕上没有五彩纸屑——她几星期前买那些垃圾股票时就已经享受过这种景象了，但她的血管伴随着脉搏跳动确实涌起了一股美妙的多巴胺。明天早上市场开盘时，罗宾汉公司会向城堡投资、度思投资或萨斯奎汉纳金融集团"开火"，而金也会参与其中。

第10章
选定目标梅尔文资本

无论他们多么努力地装扮检查室——门旁的盆栽丛林,墙上被阳光晒得发白的希腊群岛的光鲜海报,隐藏在堆积如山的医疗设备后面的扬声器里传出轻柔的莫扎特音乐,强劲的通风系统——也无法掩盖任何偏远医疗场所都特有的消毒液的味道,这种地方似乎总会带给萨拉无法摆脱的焦虑。

密歇根州采取了严格的防疫措施,穿着浅蓝色手术服、戴着口罩和面罩的护士想必正面带微笑、非常热情地说着话,就像这是世界上最平常的事,而她的丈夫特雷佛就在外面的车里等着,但萨拉仍情不自禁地感到自己非常脆弱。像她这样被机器和戴口罩的陌生人围着躺在桌子上已经够超现实的了,她还要拉起衬衫露出肚子,她的肚子显然已经不再是葡萄柚那么大,而是有哈密瓜的大小了,甚至有点往西瓜的大小发展的意思。

一名妇产科医生很快加入了护士的行列，他穿着白大褂，戴着手套，冲进了房间，好像要指挥管弦乐队一样。他的下巴隐藏在口罩下面，但眼睛在眼镜后亮了起来，只是这样就已经让萨拉感到自在一些了。她看着面前这位医生，想象着她看不见的微笑，她知道自己在做无谓的担心，这真的只是常规检查。她年轻健康，而且怀孕了。

她的肚子一天比一天大。

医生友好地捏了一下她的肩膀，然后走到她床边的机器前检查着屏幕。机器被医生从她身边移开了，但她可以看到墙上一幅亮闪闪的海报上反射出的绿光，闪烁的像素正在阿马尔菲海岸嬉戏的海浪中冲浪。

医生和护士说了几句话，然后那个护士走近桌子，轻轻地帮萨拉把衬衫往肚子上方挪了挪。

"可能会有点凉。"护士一边说着，一边从一根白色管子里挤出一种透明的凝胶，涂抹在萨拉的肚子上。

护士挪到了一边，然后医生又走了过来，手里还拿着一个连接在一根长绳子上的小型装置。他将手中的装置直接贴在她腹部的皮肤上，这东西比萨拉预想的要硬一些。她在压力下退缩了一下，然后医生把设备移过来，向腹部各个方向按压。他回头看了看设备，萨拉也顺便看了一眼。但她无法完全看到屏幕，随着医生动作的变化，屏幕已经向她倾斜了一点。她现在可以辨认出模糊的线条了，还眯起了眼睛试图看清内容。医生不停地移动着设备，显然是在寻找什么东西，他还点击了屏幕下方连在键盘上的按钮。萨拉屏住了呼吸，想让他找到要找的东西，但同时也要抑制住压力带来的笑意和小便的冲动。她想笑一笑就算了，但真的希望自己不要尿在桌子上，那会很尴尬的。

医生停了下来，从他眯起的眼睛里，她可以想象他的笑容变得更灿烂了。他向护士点了点头，护士按下了键盘上的另一个键，然后房间里响起了一阵声音，砰、砰、砰。

"是小家伙吗？"萨拉问道。

医生点了点头，然后抬起胳膊指了指屏幕上的一个点。萨拉现在可以看到一个小小的在运动的液囊，是一颗跳动的心脏。然后，它的附近有一颗头，或者她认为可能是头的东西，还有一只伸出来的小手。

"真漂亮。"她说。

萨拉不敢相信她正看着自己的孩子。她还不知道是男孩还是女孩，她也不确定自己是否想知道，但她正看着自己的孩子。几个月后，这个孩子就要出生了。这里还会是一个到处都是口罩、处处需要隔离的地方吗？萨拉只知道，那小小的心跳意味着一切都将不一样了，她对此万分感激。

她真希望特雷弗当时就在身边，并紧握着她的手。她想着他一个人在车里，可能会很担心，但也可能在接二连三地处理工作电话。这几天，她都是自己从美容店回到空荡荡的家里，自己做晚餐，然后把他的那一半放在冰箱的保鲜盒里。她领会了更深刻的东西——检查室对面屏幕上的那个小生物让她领会了更多。尽管 2020 年很快就要结束了，但对她和特雷弗来说境况并没有好转。

当医生按下键盘上的另一个键时，她的想法被打断了，屏幕停了下来。

"你想要纪念品吗？"他问道。

她点了点头，医生退到了隔壁的房间，那里有另外一台机器会把屏幕上的图像打印成照片。接着，护士递给萨拉一叠纸巾用来擦拭她腹部上的凝胶。然后护士就去找医生了，留下萨拉一个人自行处理。

萨拉竭尽所能地处理完肚子上的凝胶，然后把衬衫拉回来盖住隆起的肚子。此时，她仍然独自一人待在房间里，还不确定是否应该从桌子上起来。但是，她决定等一会儿并从手包里拿出了手机，手包就放在离她能够得着的椅子上。她正要给丈夫和母亲发短信，告诉他们宝宝的心跳和小手的事，却发现自己身处一个熟悉的地方，一个在检查室里本该感到完全不对劲的地方，她躺在床上，旁边的屏幕上有她孩子的定格图像——但不知何故，短信没有发出去。

在过去的几星期里，WSB 论坛已经成为她的第二个家，就像脸书或照片墙（Instagram）曾经是她生活的一部分一样。这让她微笑，也让她思考。因为一些新的东西——带有戏剧性、狂野的东西正在发生。

她已经阅读了 DFV 的所有帖子——她怎么可能没有读过，现在这些帖子在论坛里已经被置顶，吸引了一大批粉丝。她还看了他的一些直播视频，不过不管这个人多么有魅力，谁能有时间对游戏驿站话题进行长达 5 个小时的自由讨论呢？她还在优兔和 WSB 论坛上浏览了很多他发布的评论。

很明显，很多人都在买进，游戏驿站股价也涨到了接近每股 20 美元。据她推断，DFV 最初发布公司估值被低估的消息时，目标价格就是这个数。但萨拉并不认为股价上涨与他一直在谈论的那些小新闻、《大空头》里那个奇怪家伙的兴趣，甚至喜欢模因表情包的宠物食品企业家有多大关系。

她相信有更深层次的事情正在发生。

她独自一人在检查室里等待着医生归来，浏览着 WSB 论坛，找到了一篇被她加了标签的帖子，这篇文章是她在回溯阅读不同的评论，试图了解更多正在发生的事情时发现的。这正是红迪网以及整个互联网的伟大之处。俗话说，雁过留痕，一旦有什么东西掉进以太网，不管多么无害，它都可以成长出自己的生命。

当然，那个自称 Stonksflyingup 的人于 10 月 27 日在 WSB 论坛上发布的类似模因表情包的视频绝非无害。这个名为"游戏驿站轧空和梅尔文资本的消亡"的帖子，是一段截取自电视迷你剧《切尔诺贝利》的视频，该剧讲述的是苏联一个核反应堆的熔毁造成了一场国际灾难。Stonksflyingup 在视频中自行添加了字幕，他认为即将发生在梅尔文资本的事情堪比切尔诺贝利核电站的熔毁。梅尔文资本是华尔街的一家大型对冲基金公司，在游戏驿站拥有大量空头头寸。游戏驿站多头和华尔街空头之间的战斗将会以梅尔文资本在"一场炽热的核爆炸中消亡"而告终。

这段视频立刻在论坛上引起了轰动。回顾数百条评论，萨拉发现梅尔文资本并不是被随机抽中的。论坛中有很多人用各种各样的模因表情包、评论和谩骂表达了对华尔街的愤怒，现在这些人拥有了一个共同的焦点。从萨拉读到的内容来看，梅尔文资本在秋季初向美国证券交易委员会提交了 13F 表格文件，这个举动引起了论坛的关注。文件披露了在游戏驿站持有的空头期权头寸，以及其他一些看似例行公事的交易。但由于文件是公开的，而且 WSB 论坛的成员们很有动力，也很无聊地仔细检查了他们能找到的每一份文件，寻找一切与游戏驿站有关的东西，梅尔文资本在不知不觉中把自己变成了一个完美的替罪羊。对于 WSB 论坛的成员来说，梅尔文突然代表了他们所讨厌的华尔街的一切。一家古板的、受人尊敬的、价值数十亿美元、由西装革履的人来经营的公司，希望从一家备受爱戴但管理不善的公司的失败中获利。

萨拉可以在视频下方的帖子中看到这一点：某些事情已经发生了很大的变化。人们购买游戏驿站股票不再仅仅是为了赚钱。事实上，与许多评论的内容恰恰相反，人们愿意，甚至乐于输掉其在游戏驿站上投入的每一分钱，试图把它强加给梅尔文资本，对他们所代表的东西进行打击。

游戏驿站已不再是一只普通的股票了。它是一种象征，一种模因，它象征着某种黑暗、引人注目且具有时代性的东西。

萨拉躺在检查台上，仍然觉得自己很脆弱，她的宝宝正在她的体内生长。萨拉理解了那一刻，因为她身在其中。她从灵魂深处感受到了这一点。

数以百万计的人待在家里，失去了工作，眼睁睁地看着他们的银行账户缩水却完全没有发言权，他们在论坛的发言充满了不安与愤怒，困惑和烦恼之情油然而生。然后一些该死的对冲基金还想做空游戏驿站——他们当然会这么做。因为当我们看到大动乱到来，需要从Instacart（美国食品杂货配送服务商）订购杂货，从DoorDash（快速物流跑腿公司）订购晚餐，从亚马逊订购厕纸时，游戏驿站可能就不再有什么意义了。当然，在这之前游戏驿站就已经在垂死挣扎的边缘了，就像其他所有的实体企业一样，没有人为百视达、博德斯或淘儿唱片哭泣。所以像梅尔文资本这样的对冲基金会下赌注，从而变得更加富有，并且从我们身上夺走另一样东西。但是战斗口号是这样的：也许这一次不一定非得这样，也许这一次我们可以做些什么，阻止些什么，发出自己的声音，做出一些改变。

游戏驿站不仅仅是游戏驿站本身，它更是一个战斗口号。

当妇产科医生回到检查室时，萨拉迅速用手掌盖住手机，遮住了屏幕。

目前她还没有加入游戏驿站的战斗，只是一个潜伏者、一个观察者。但她正在一天天地鼓起勇气。她的罗宾汉账户还没有展示五彩纸屑纷飞的画面，但她知道自己迟早会准备好的。

医生走到萨拉躺着的桌子旁边，举起他从超声波仪器中打印出来的照片，以便让她能看到。这张照片是深色的，大部分是蓝色和绿色，但她可以清楚地看到孩子的形状，孩子还很小，正在她体内生长着。

萨拉觉得自己要哭了，她不知道自己是高兴还是悲伤，但很长一段时间以来她第一次感受到了坚强。世界是不公平的，过去的一年是如此艰难。但现在她感觉自己就快要谋出自己的前进之路了，也许这一次，她会体会到站在胜利一方的感觉。

也许，这一次终于轮到她获胜了。

第 11 章
让胜利成为一种习惯

胜利不是一时,而是永远的事。

尽管盖布·普洛特金还安稳地居住在位于佛罗里达州的出租屋里,但是 3 月 13 日他就关闭了梅尔文资本位于麦迪逊大道的办事处,那时新冠病毒刚刚开始在全球范围内肆意传播。但每当他闭上眼睛,就仿佛回到了曼哈顿,穿过公司空荡荡的走廊,经过玻璃墙、高科技会议室、陈设鲜明的办公室、空置的交易台和档案中心。即便在他的脑海里,这一切都感觉不太对劲。

你不是偶然赢一次,也不是偶然做正确的事,你一直都在这么做。

他知道哪里出了问题,因为难以忽视,太安静了。对他来说,这是今年新冠疫情大流行中最糟糕的事情。甚至在他离开纽约去佛罗里达州之前,这件事就已经让他心烦意乱了,然而一切都是那么寂静。在他 22 层办公室楼下的城市街道上，本应挤满了私家车、出租车和公共汽车，在阳光明媚或是寒冷的星期二下午的拥挤交通中争抢着位置，喇叭声和咒骂声此起彼伏。人行道上本该挤满了一拨又一拨的行人，有从麦迪逊大道两旁的高端商店里涌出的拿着购物袋的游客，也有西装革履的生意人，带着笔记本电脑包、背包，甚至是奇怪的公文包，他们一边躲避热狗摊贩和清真推车，一边打电话，或对着出租车大喊大叫。甚至在盖布办公室所在大楼的旋转玻璃门外那片广场上，克里斯蒂雕塑花园周围，也本应挤满了端着咖啡和高价、精心制作沙拉的人群，然后随着时间推移，夜幕降临，广场上灯火通明。

胜利是一种习惯。

现在却与以往相反，一片宁静。街道、人行道和广场上几乎空无一人，就像梅尔文资本的办公室一样。虽然新冠疫情流行初期的创伤，像 5 级飓风一样袭击了纽约——谁也不会忘记那些充斥着救护车警笛声的夜晚，或者医院里挤满了病人的可怕画面，虽然现在这些都已经消退为沉闷、疲惫、麻木的细雨，夹杂着焦虑、乐观和无尽恐惧的时刻，但是纽约仍未重现其特有的繁华。

与这座城市的大多数公司一样，梅尔文资本的大多数员工仍然居家在线上办公。虽然在金融业务需要的时候，有些人确实会时不时地进出办公室，但除了偶尔来访的人，这些办公室仍然空空如也；所有摩天大楼里的办公室都是空壳，就像许多幽灵船在

第 11 章　让胜利成为一种习惯　　107

无风的大海上漂荡。

对盖布来说，这样的寂静，以及他和交易员之间的距离，是非常反常的。梅尔文资本不仅是一家管理着数十亿美元资产和30多名交易员及相关工作人员的对冲基金公司，还是一个大家庭，这家盖布和他的合伙人精心管理的公司，由业内最聪明、最勤奋、最有成就的一批人组成，他们拥有同一个崇高的目标。

胜利是一种习惯。

盖布咬紧牙关，仍然想象着自己正在办公室里穿梭，那强有力的话语在他的耳畔响起。当你走进华尔街那些大多数账面上有数十亿美元资产的公司时，迎面而来的是墙上挂着的价值数百万美元的艺术品。这些艺术品的作者大多是巴斯奎特、毕加索、沃霍尔、昆斯……有时你和一位基金经理聊天，他的办公桌后面就有一幅价值3 000万美元的彩色名画，挂在彭博终端上方。

但是从一开始，盖布就把梅尔文资本打造得与众不同。走进梅尔文资本，你看不到价值百万美元的名画，取而代之的是鼓舞人心的励志名言。公司刚成立的时候，办公室只有一堵报价墙；而现在到处都是报价墙。报价墙不需要盖布花什么钱，但对盖布来说，它们比毕加索的任何作品都更有意义。

尤其是在这样的时候，不仅新冠疫情大流行让他的世界变得奇怪且不自然，办公室里铺着地毯的地板似乎也在他脚下晃动——他可以引用文斯·隆巴迪的一句名言：专注于底线。隆巴迪是绿湾包装工队（一支职业美式橄榄球球队）的已故著名教练，也是体育史上获胜最多的人物之一。从一开始，隆巴迪的名言就十分契合盖布建立基金公司时希望秉持的理念：一个交易员要想真正成功，就需要明白自己必须每天努力工作，并且总是以正确的方式做事。坚持不懈胜过快速获利，而且没有捷径可走。

在成长的过程中，盖布不仅崇拜隆巴迪，而且痴迷于所有的运动——足球、篮球，尤其是棒球。因此，他经常将贸易世界里发生的事情比作运动场上发生的事情也就不足为奇了。他最早的记忆是读某个星期日报的体育版，并记住每个球员的每一项统计数据。有一次，盖布与父亲和朋友们一起去看波士顿红袜队的比赛，一路上他都在纠正他们的错误数据。对于其他孩子来说，即使他们像盖布一样热爱棒球和篮球，这些数据也只是数字而已，但盖布却一直都知道它们所蕴含的力量。现在的数字和过去的数字以正确的方式组合在一起就可以预测未来的数字。预测未来的数字是像梅尔文资本这样的基金公司的主要业务——或许是唯一真正重要的业务。

总的来说，对冲基金更多的是在幕后而非台前活动。尽管它们可能体量非常庞大，但却是秘密运作的，除非受到法律要求，否则不愿轻易显露或摊牌。像梅尔文资本这样的基金公司，少数几次让人们了解其策略是在基金刚成立的时候。梅尔文资本以股票多空对冲基金的身份登上华尔街——这是一种可以追溯到很多年前的著名投资策略，建立在对各种数据大量研究的基础之上，其模型可能包括数百家公司，是通过逐年跟踪，深入其总部内部研究得出的。同时该公司拥有一群华尔街最聪明、最优秀的交易员。

从一开始，梅尔文资本就取得了成功。2015年，团队就实现了47%的利润，成为业内第二成功的基金。到2017年，他们的利润仍达到了40%。糟糕的2018年之后是辉煌的2019年，他们巩固了自己的地位，成了行业中的翘楚团队。他们最开始有10亿美元的资金——其中2亿美元是由盖布的前任老板史蒂夫·科恩投资的，而现在公司价值超过125亿美元，包括多种股票的多头和空头头寸。梅尔文资本成立的第一年，盖布主要专注于消费品公司，他是从事非上市公司股权投资的基金专家，拥有的头寸包括亚马逊、弗洛克（世界上最大的体育运动用品网络零售商）、Del Frisco's（美式牛排连锁公司）、迪克体育用品（美国一家体育用品零售商），一开始他就大举投资，在所管理的10亿美元中拿出了9亿美元作为投资资金。

作为一只多空基金，他还必须持有空头头寸——意在做空公司，这是一种对大多数金融专家来说都无可厚非的策略。这种想法的逻辑是，当公司业绩不佳，或管理不善，或所处的行业已饱和，或只是很可能倒闭时，采取空头头寸不仅合乎逻辑，还能通过指出价格过高的股票来保护市场，通过检查可疑管理层来防止欺诈，并戳穿潜在的泡沫。卖空者还增加了股票的流动性和交易量，因为他们有义务在未来某个时间回购股票。是的，卖空者在公司倒闭时获利，但通常并不希望公司倒闭——只是希望股票价格最终向其真实估值方向修正。

然而，有时交易员会选择空头仓位，是因为所选的公司真的要倒闭了。也许这家公司所在的行业行将就木，其管理层似乎完全不能或不愿改变方向，而且在融资方面存在着几乎不可克服的深层次问题。

梅尔文资本非常擅长识别这类公司。尽管总体而言，梅尔文的大部分投资都是多头，但其许多空头头寸也获得了丰厚的回报。据报道，在开业运营的第一年，梅尔文资本70%的利润来自空头头寸。正是在这段时间，盖布在基金成立之初，第一次深入研究了游戏驿站这个公司，并决定做空。

当时，这是一个简单而容易的决定。2014年，该公司的股价为每股40美元。盖布并不是唯一一个做出该预判的人，许多华尔街的公司也已经看到了某些征兆，比如购物中心零售商店和连锁门店的过度扩张。游戏驿站的商业模式很老派——在实体店销售全新和二手的电子游戏，而这种商业模式正被互联网上的数字下载所取代，而且该公司似乎也没有什么前瞻性的策略。当然，游戏驿站公司还有一些现金和存货，但为了生存，它需要在数字世界重塑自我。大多数人认为，未来的游戏机将无须通过实体卡带或 CD 来联机。游戏驿站是一个濒临倒闭的企业，看起来好像要彻底垮台了。

它确实垮台了——正如盖布和很多华尔街人士预测的那样，游戏驿站股价从每股 40 美元一路跌至每股 4 美元左右。然而，空头净额并没有下降——事实上它反而增加了。游戏驿站已经证明，至少就市场方面而言，其最擅长的事情就是失败。尽管游戏产业蓬勃发展，但是游戏驿站的利润却在下降。

随着新冠疫情大流行，本就摇摇欲坠的零售商场也陷入了困境。虽然可能有人会说，在全球新冠疫情流行期间做空一个受人喜爱的连锁门店在道德上是可疑的，但梅尔文资本的数学解读却表示此举必定获利。2020 年，尽管游戏行业迎来了有史以来最景气的一年，但由于在家玩电子游戏的客户与日俱增，游戏驿站继续亏损：其财务报告显示亏损 2.153 亿美元，合每股 3.31 美元，而 2019 年亏损 4.709 亿美元，合每股 5.38 美元。

这样的连续亏损使游戏驿站复苏的可能性变得更低了。同样，它的股价也继续下跌，一直跌到每股 2.57 美元，然后又在 5 美元左右徘徊，即便如此，空头仍然不断累积。

在 2014 年卖空游戏驿站似乎是最明显、最普通、最平常的交易，盖布可能会认为，在 2020 年增加更多看跌期权，以便在公司最终倒闭时获得更大的利润，也同样是没有争议的。期权头寸必须在提交给美国证券交易委员会的 13F 季度报告中有所说明，这意味着它们将被公开，而公开这一事实也不会特别令人担忧。尽管对冲基金喜欢对自己的策略保密，但一份 13F 季度报告显示的头寸中包括多达 91 家不同的公司——这也是行业标准做法，这怎么会引发轰动呢？

当然，盖布也无法预料到一群匿名的人会聚集在红迪网一个名为 WSB 论坛的版块上，突然把梅尔文资本从名单中挑出来，代表所有针对游戏驿站的卖空者。他也没有想到自己会突然在 WSB 论坛、Discord 网站（红迪网用户经常光顾的另一个社交网站）上，甚至在直接发给他公司的信息中，被评论、被取笑，甚至被威胁。

关于游戏驿站的社交媒体讨论起初基本都是无害的。社交媒体上的帖子很少，大多是孤立的，主要是关于散户投资者有多喜欢这只股票，以及投资它赚了多少钱。但随着秋冬的临近，这些帖子的讨论基调开始发生改变。

这些帖子变得越来越个人化且越来越有针对性——比如臭名昭著的切尔诺贝利视频，预测盖布的公司将会崩盘。虽然盖布也知道 WSB 论坛总是充斥着黑色幽默和戏剧性的讨论，但在围绕游戏驿站和梅尔文资本的空头头寸，特别是关于盖布本人的讨论中，他却很难看到有什么幽默的东西。与之相反，他看到的只是一些充斥着反犹太主义和仇恨的评论——"很明显，我们需要第二次大屠杀，犹太人不能一直这样侥幸逃脱"，而他自己也开始收到类似的种族主义和贬低性的信息。以前，社交媒体上的评论大多是关于购买游戏驿站股票的，因为评论者喜欢这只股票，后来却发生了变化，购买游戏驿站股票的目的成了攻击梅尔文资本的空头头寸。自始至终，在许多帖子中都有一个显而易见的潜台词，将盖布本人视为某个需要被打倒的邪恶人物。

盖布的脸皮并不薄。他在华尔街发迹，一个以激烈言辞、怪异人格和信奉非战即逃哲学而臭名昭著的地方。尽管他在公众面前保持着低调，但业内许多人都认为他非常讨人喜欢，是一个好人，很有冲劲，也有很强的进取心。如果他说自己冷漠无情，那他就是在撒谎。他有运动员的竞争精神，正如他所说，对他而言，永远都在追寻胜利。

但是，那些充满仇恨的种族主义评论，以及预言他的公司将会倒闭的恶毒表情包，都让他难以忽视。对他这种水平的人来说，这些评论和预言反而会点燃他的竞争精神。

他并不为红迪网暴徒知道自己的空头头寸情况而慌张，这并没有改变他做法正确的事实。游戏驿站股价自 5 美元的平稳期以来一直在上涨。然而，其公司的基本面并未好转。在一个走下坡路的行业里，它仍然是一个摇摇欲坠的企业。数据站在盖布这边，如果说有什么是他会信任的，那就是数据了。

他不仅继续坚持做空策略，而且在最初的几天里，他还加码了这项交易：在 2020 年最后一个季度通过看跌期权增持 60 万股股票——价值约为 1.3 亿美元。这 60 万股是他在此前做空股票的基础上增加的。13F 季度报告和其他公共文件都只揭示了其冰山一角。事实上，没有人知道盖布的空头仓位到底有多大——只知道他现在把基金的很大一部分资金押在了这一单赌注上。

其他公司可能会认为这样做有风险；做空意味着潜在的损失是无限的。而游戏驿站的空头交易量巨大——远远超出了梅尔文资本的赌注，据报道目前已经接近 140% 的交易量。一只股票的空头可能会比其实际存在交易量多出 40%，这似乎是自相矛盾的。但盖布可以把它当作证实自己观点合理的证据。华尔街的许多人都知道这家公司要垮了，他们愿意不断地借钱做空，以至于几乎一半的股票都被借了不止一次。

红迪网上愤怒的帖子再多也改变不了这样一个事实——精明的投资者都做空了。而且，一只股票不太可能，或者说完全不可能，仅仅是被一位交易员推动就与基本面脱节。

WSB 论坛上的人并非专业人士——大多是业余爱好者和赌徒，他们称自己为"弱智""人猿""堕落者"，这些词汇让盖布感到不安，他自己永远不会使用这些词汇。他们中的一些人似乎真的在做尽职调查，但他们真的以为自己可以从一家公司剥离股票，再以某种方式将股票转变成某种代币，比如比特币或狗狗币吗？在盖布的内心深处，也许明白激励他的不完全是数字，还有他的竞争天性。他自己从来不会这么说，但这个行业的很多人会这么说：盖布是赢家，而那些坐在沙发上将愤怒表情包发布到红迪网上的小浑蛋是失败者。他们将得到一个非常痛苦且深刻的教训。

无论股票现在的价位是多少，它都会下跌。游戏驿站就像一块正在融化的冰块。WSB 论坛可以畅所欲言。毕竟，说脏话是每项运动的一部分。但盖布·普洛特金知道时间站在他这边。

融化的冰块最后的结果总是一样的——一个漂亮的大水坑。

第二部分

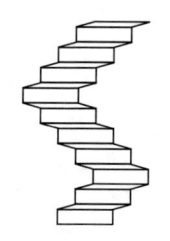

"我们喜欢这只股票！我们喜欢这只股票！"

——吉姆·克莱默

"游戏驿站挺住！！"

——埃隆·马斯克

第 12 章
游戏驿站起死回生

2021 年 1 月 11 日

基思·吉尔左脚的靴子先触到了薄冰，鞋底在没有摩擦力的冰面上打滑，使他的整条左腿以一个奇怪的角度向前方滑出，如果不是握紧了女儿戴着手套的手，他可能会直接摔倒在人行道上。当他借助女儿的身体来支撑自己的时候，女儿在笑，他也笑了，但这不仅是因为他们早上在街区的散步变成了一场马戏表演，还因为他仍用另一只手举起手机，盯着屏幕。基思一边查看股票新闻报道，一边牵着女儿，沿着威尔明顿没怎么铲过雪的人行道行走，这种需要平衡能力的行为就像他参加过的所有比赛一样危险。

比在新英格兰这块特殊的冰面上保持镇定更困难的是，他要在 3 英寸的屏幕上阅读金融新闻报道，以及美国证券交易委员会的文件。他想自己可以在圣诞节回家时换一部新手机，但在他的银行账户里有盈余资金是如此奇怪和新鲜的体验。一想到自己拥有这么多钱，能买一部手机这样的好东西，他就感到既兴奋又害怕。尽管他确信这是深入研究和尽职调查的结果，但这似乎仍然是一个不太可能发生的转折。

基思正式成为百万富翁已经有一个月了。他是家里第一个能够说出这句话的人，而这一切都是因为一次疯狂的"YOLO"交易。大部分交易收益还是在账面上，但他投入游戏驿站的 53 000 美元资金已经膨胀到 7 位数了。

当在手机屏幕上用大拇指往下翻阅新闻报道时，基思脸上的笑容变得更加灿烂了。100 万美元是一个足以改变人生的数字，但基思的生活却没有多少变化。尽管如此，他还是在圣诞节回家的时候告诉了全家人他在做什么。每个人都很支持他，尽管家人仍然可能认为他疯了。他的母亲只是问他这样做是否违法。他耐心地向母亲解释，无论听起来多么不可能，通过股票赚钱都是合法的，坦率地说，也是一件爱国的事。事实上，虽然他一直在网上向任何愿意倾听的人谈论他的交易——甚至到了让人厌烦的程度，但这并不意味着他的行为不合法。

的确，他的"咆哮猫"直播已经远远超出了预计的几分钟片段，变成了持续到深夜的马拉松式直播。他最长的一次直播时间是 7 个多小时，不过任何一个能坚持看到底的人都比基思更疯狂。他现在是 WSB 论坛上广受欢迎的消息发布者之一，听众越来越多，每当他发布"YOLO"投资更新的消息时，肯定会收到风暴般的评论。他不仅有粉丝，还有追随者，而且他们之中有相当一部分人也购买了游戏驿站股票。但他相信——或者至少想要相信，他们都是谨慎购买的。他一直都很清楚，股票市场有风险，而他敢于冒的风险更大。游戏驿站股票的大量卖空表明，大多数专家仍然认为这只股票不过是一只奄奄一息的狗。

但在基思看来，这是一只叫个不停的狗。当他和女儿走到半路，打开手机上的新闻应用程序时，正是那声吠叫差点儿把他吓得跌倒在人行道上。目前他关于股票的看法相当简单，好消息比坏消息来得多，因为所有坏消息都已经被消化了。在如此巨大的空头压力下，来自梅尔文资本和其他人的任何好消息都会推动价格上涨。140% 做空股票意味着，如果股票价格开始上涨，卖空者将会被套牢 8 000 万股，实际上现存的股票还有 6 000 万股。从红迪网上看，这些股票中有相当一部分掌握在像基思这样的"钻石手"[1]的手中，他们宁愿"卖掉自己的祖父母"，也不愿卖掉自己的游戏驿站股票。

---

1 比喻坚定地持有某只股票，坚定到像钻石一样。如果你有一双"钻石手"，就表示你准备抱牢，不害怕任何风险、亏损，不卖出，长期持有，一直等到目标点位为止，相信自己一定会坚持到获利。

基思的笑容倍增。爱上一只股票？他已经结婚了，有了孩子，并且正在设想着孙子的婚礼。这就是刚刚传到他手机上的消息如此重要的原因。

这一消息来自游戏驿站，并在金融媒体中引起广泛关注：瑞安·科恩和他的几个 Chewy 团队成员将加入游戏驿站董事会。科恩已经拥有了该公司的大量股份——除了在 8 月份提交的文件中首次披露的 5% 的上市股份之外，他在 11 月份将持股比例增加到了 10%，当时其价值超过 7 900 万美元。在科恩增持股份后，该公司管理层收到了一封充满攻击性的信函，该信函指出了公司的决策错误，要求他们转向在线游戏，建立自己的电子业务，并尝试一些创新策略，比如进军电子竞技、流媒体和移动端应用程序等。当时，游戏驿站似乎并不太愿意接受一个令人不安的外来者。但今天的新闻完全是 180 度大转弯。科恩像一个白衣骑士一样降临并计划拯救这家公司，而基思会在当晚的直播中吃零食、喝啤酒，因为科恩加入了董事会，这意味着他真的有机会帮助重塑这家公司，就像他重塑宠物食品行业一样。

基思现在加快了步伐，他的女儿跟在后面，在冰面上跳来跳去。他从手机上看到，消息传出后，该公司的股价已经接近每股 20 美元。他不确定该股能否触及 12 个月以来的新高，该股的股价在去年 12 月底时曾在 21 美元上下波动，但仍有很大的上涨潜力。

在基思的脑海中，不断浮现着 WSB 论坛上广泛传播的所谓的轧空，但他不想操之过急。他试图避开网站上那些更具侵略性的讨论，那些让游戏驿站的信徒与对冲基金对立的讨论，尤其是那些关于他与梅尔文资本之间存在私人恩怨的讨论。事实上，他对梅尔文资本一无所知，当然也不认识盖布·普洛特金，而且他很确定他们有不同的交往圈子。如果普洛特金开车经过布罗克顿，他很可能会把窗户关好，把门锁上。

但不管是否会发生轧空，基思相信让他成为百万富翁的游戏驿站公司即将迎来新的时刻。

他低头看着女儿，发现她还在笑，因为他又差点儿摔倒。某一天，当女儿长大了，能够理解的时候，他会向她解释这个原理。动量是一种波浪，可以把最稳定的赛车手掀倒在地。

第 13 章
大卫怒战歌利亚

2021 年 1 月 13 日

　　这对我的伤害可比对你的伤害大得多，金心想。此时女技术员正满脸笑容，拿着针朝她走来。金把工作服袖子搭在肩膀上，正坐在护士区后面一个挂着窗帘的小隔间里，那里有时被当作他们为病人配药的地方。但今天，这个地方的私密性就像火车站一样。窗帘被拉开，所有的护理人员和勤务人员都聚集在一起围观。欣维拿出手机，其中两名女孩正在使用 iPad 自拍，之后会将其打印出来并贴在黑板上——旁边是他们几星期前拍摄的嵌入隔板中的助行器的照片，照片现在贴在滑稽的标题下面："PT（凝血酶原时间）评估通过。"

　　"如果我变成了鳄鱼，我就会来找你们所有人。"

针扎了进去,谢天谢地,金没有任何感觉。她挥舞着另一只手臂,听到了零星的掌声。这一刻令人激动不已。金从来没有为新型冠状病毒感到过度恐慌,因为她每天都要面对它,甚至要在楼上的新冠病房轮班,但这仍然是一个重要的时刻。

毫无疑问,她将成为第一个接种新型冠状病毒疫苗的员工。尽管她的同事都是专业医疗人士,目睹了病毒造成的痛苦,然而他们的犹豫程度还是令人惊讶。但是金觉得自己有责任用自己的行动影响其他人。如果她的行动使他们中的任何一个人更愿意迈出让一切恢复正常的第一步,那么她会很高兴能成为医院的实验对象。

她对那位正忙着在注射部位贴创可贴的技术员道了谢。然后她站了起来,面带微笑。

当她经过欣维和卡迈勒,走向休息室时,他们还在鼓掌。金知道自己必须在附近待上 15 分钟,但她认为待在休息室就足够了。如果开始长出尾巴或爪子,她还在喊叫能迅速得到回应和处置的范围内。走的时候,她抑制住了想给欣维一个拥抱的冲动。她认为这为时过早,不过如果疫苗真像他们说的那样好,或许很快"社交距离"这个词就会从大家的词汇表中消失。金迫不及待地想要把它变成另一种共享的语言记忆,与"拉平曲线""密接追踪""群体免疫"一样。

也许甚至还有"游戏驿站",金一边自言自语着推开两扇门,一边伸手去拿塞在手术服口袋里的手机。等待注射的20分钟已经是她那天没有查看自己的罗宾汉账户或WSB论坛的最长时间了。但现在，在回家见到孩子之前，她还有15分钟的时间可以消磨，她已经准备好再次陷入疯狂了。

当她走进安静的休息室，坐在平时惯坐的门边圆桌旁的时候，她已经完全沉浸在手机屏幕中了。为了纪念疫苗接种，有人带来了甜甜圈——五颜六色的甜甜圈在自助餐厅的塑料托盘上像四散的城市一样罗列着。但是，无论这些糕点多么诱人，都无法与金在手机上看到的东西相提并论。

她对游戏驿站的投资在一天之内就翻了一番：股价飙升至每股31美元以上。金已经阅读了WSB论坛上的许多评论，甚至还观看了"咆哮猫"的最新直播。她知道Chewy团队加入了游戏驿站董事会。但她认为，单凭领导层的变动无法完全解释股价的走势。她一生中有过无数个老板，无论他们自认为多么聪明或多么有创新精神，都无法给她的日常生活带来多少改变。

3个新的董事会成员，不管他们曾卖了多少袋狗粮，都不会使股票价格翻倍。但股票价格就在那里，在闪闪发光的数字和迅速上升的图表中。金在过去的24小时里赚了1 600多美元。

从WSB论坛回到自己的账户时，金感到脸颊很热。她当时太兴奋了，没有注意到欣维就在她的身后。

"他们在桥下发现了另一批选票？"

他坐在金旁边的座位上，一只手揉着自己肩膀上的创可贴，另一只手从盘子里拿了一个甜甜圈，上面沾满果酱，还洒了糖霜，他轻轻地咬了一口。通常金会对他恶语相向，但她心情太好了。

"比一箱选票更好。"

她把手机给他看，他睁大了眼睛。

"31.40 美元？ 这不可能。"

"我认为这正在发生。"

"梅尔文资本的事。"

欣维看了她一眼，就像一天前他们上一次这样谈话时一样。她一直在试图寻找不同的方式来解释 WSB 论坛上那些发帖子的人所认为即将发生的事情，主要是因为她自己也一直在试图理解这件事。她想再试一次——毕竟，她还有很多时间可以打发。关键是要找到一种简单的方法。

她想了一会儿，看到欣维正在小心翼翼地吃着甜甜圈，然后笑了。

"假设甜甜圈是游戏驿站股票。"她开始说道。

"一定要是这个甜甜圈吗？"

"是的。假设那个甜甜圈的当前市价是 5 美元。我是梅尔文资本。我认为那个甜甜圈是垃圾。所以我向你借入。"

金从他手中拿过甜甜圈。他看着她，但她只是不停地笑。

第 13 章 大卫怒战歌利亚

"我们达成了一个协议,我必须在几天内把甜甜圈还给你。"

"金。"

"所以我把这个甜甜圈卖到市场上,卖出价就是现在的价格,5美元。"

她把甜甜圈放回盘子里。

"我咬了一口。"

"然后我等着,"她接着说,"打算等价格下跌时把它买回来,再还给你,以赚取差价。但假设价格不会下降。因为其他人也喜欢这些甜甜圈,他们开始疯狂地购买。"

她把甜甜圈从托盘上拿下来,放到一边。

"不断买入。也许会有一条关于甜甜圈是如何治愈新冠的新闻。价格上涨了一点。人们还在继续购买。"

现在托盘空了一半,甜甜圈堆在两边。

"而这些买家,也许他们不仅仅是普通的甜甜圈爱好者,也许他们会在红迪网的一些疯狂论坛上谈论那些早早就到达甜甜圈店的富人,这些富人想永远独占美味的甜甜圈。这次,他们不会再让这些富人摆布自己了。"

她又从托盘里拿了一些甜甜圈。

"现在我还欠你借走的那个甜甜圈。但不只是我——我在华尔街的所有朋友也一样,他们都借了甜甜圈。他们中的一些人看到了不祥之兆,开始回购甜甜圈以偿还债务。"

她又拿了几个甜甜圈，放在一边。

"这使得价格上涨得更快。但我的朋友们现在别无选择。和我一样，他们也需要归还那些甜甜圈。"

她不停地拿出甜甜圈，直到只剩下一个，那就是她一开始从欣维那里借的果酱甜甜圈。

"甜甜圈的价格已经飞涨了，但我们很多人还没买到。如果我们都想在同一时间买到最后一个甜甜圈，你觉得会发生什么？"

"别这样。"欣维警告道。

"你知道我必须这么做。"

金使劲挤压了甜甜圈。果酱从四面八方渗出来。欣维叹了口气。

"但情况比这更糟，"金说，"因为我和我的朋友们不仅借了盒子里所有的甜甜圈，我们还借了比盒子里更多的甜甜圈。如果这种情况继续下去，很快卖空者就会试图抢夺根本不存在的甜甜圈。"

欣维从她身边走过去，发现一个新的未经挤压的甜甜圈，把它移到了她够不到的地方。

"现在发生了什么？"他问，"价格会一直上涨吗？"

她耸耸肩。

欣维摇了摇头说："你的钱翻了一倍。这很好。你应该卖掉它。"

"你没在听吗？甜甜圈。"

"我们不是在说甜甜圈。"

在一起工作的这些年里，他们谈论了很多关于财务状况的话题，谈论他们的工作有多辛苦，谈论以一名注册护士的薪水规划未来有多难。金知道，从表面上看，欣维是对的：她赚了1 600美元，虽然还不足以支付布莱恩的牙套费用，但这笔钱可以支付很多账单。

尽管如此，看着价格继续上涨，阅读WSB论坛上的各种评论，确实感觉轧空正在发生，或即将发生。如果"钻石手"不畏市场波动，坚定地持有仓位直至实现目标……

"你赢不了这些家伙，"欣维说，仿佛看透了她的心思，"这是一个赌场，他们就是赌场的庄家。他们会找到获胜的方法。他们总是这样。"

通常是欣维告诉她要有信心。

"大卫战胜了歌利亚。"她最终回应道。

"这不是大卫对抗歌利亚。这是大卫对抗歌利亚、歌利亚的表亲，以及歌利亚最好的朋友。"

金摇了摇头说："我们也有很多人。"

欣维又叹了口气，然后继续吃他的甜甜圈。金看着他又咬了一口。她知道欣维只是想帮忙，但欣维没有看到她看到的东西。

战线已经划定好了。

人们很容易把 WSB 论坛看作傻瓜和赌徒们杂乱无序的聚会场所，因为他们经常这样描述自己。但欣维不明白：这些傻瓜和赌徒为了一个共同的目标走到了一起，这种团结具有巨大的力量。愤怒是一种强大的动力，远比贪婪强大。金在 2016 年的大选中看到了这一点，欣维对此却视而不见，这让他损失了 100 美元。事实证明，梅尔文资本及其在华尔街的同行同样是盲目的，严重低估了他们所面对的这支大军。

金没有卖出的意思。恰恰相反，她正考虑再买入一些。

"歌利亚认为自己是故事中的英雄，"她看着正在吃甜甜圈的欣维说，"直到那块石头砸在他脸上。"

第 14 章
胜利才刚刚开始

2021 年 1 月 19 日

曾经有一只股票被扔进海里，

股票的名字是游戏驿站，

价格暴涨，空头下跌，

坚持住，我的孩子们，坚持住。

很快"鸡柳侠"（Tendieman）就会来了，

把我们的火箭发射到太阳上，

有一天，当交易结束时，

我们会带着我们的收获离开……

杰里米闭上了眼睛,光着脚在桌子下面的地毯上打着节拍。一艘三桅帆船在他记忆中的海上棚屋前以完美的节奏起起伏伏。那天早上,他偶然发现这篇由一位自称 quigonshin 的用户在 WSB 论坛上发布的文章。在不断壮大的红迪网大军中,歌曲《鸡柳侠》迅速传播开来,这不足为奇,杰里米自己也在努力克服点开这首歌再听 100 遍的冲动,如果当时他没有在约会的话,他可能就会屈服于这种冲动。

老实说,将杰里米最近试图与异性建立联系的行为描述为"约会"是一种极端的创造性行为。尽管这次约会几乎没有涉及 Zoom,但约会的女孩子那边网络状况很糟糕。而杰里米显然全神贯注于笔记本电脑上仍然打开着的其他窗口——尤其是 WSB 论坛和他的交易账户。这一切的进展都很糟糕。

杰里米其实很擅长约会,尤其是在现实世界中,他是破解约会不顺利迹象的大师。他能够读懂线索,就像破解专属于自己的"达·芬奇密码"一样。一些小事情,比如杰里米的约会对象总是把手机放在桌子上,紧挨着她的晚餐,这样她就可以看到朋友突然发来的短信,或者她几乎是在甜点一端上来就在餐厅里找服务员。通常情况下,他很有魅力,可以获得第二次约会的机会,但有时他必须用心准备话题,以便在买单和用优步打车回家的间隙进行寒暄。他不禁想:找到一个可以谈心的人,一个你知道最终会成为你好朋友的人,是多么美好的事情……

第 14 章　胜利才刚刚开始

但在 Zoom 出现的这一年，想要知道任何人的真实想法都是极其困难的。当他开始在脑海中重放游戏驿站相关的视频之前，杰里米已经经历了十几次尴尬的沉默。但在虚拟聊天中，尴尬的沉默很常见，而且很难区分沉默是因为网络故障还是无意的静音。直到他开始注意到约会对象的目光转移到她自己电脑上打开的其他窗口时，他才确信：他们主要的共同点是对继续谈话不感兴趣，但是他们都太有礼貌了，以至于没有找到一个好的理由来结束交谈。

杰里米认为他应该负主要责任。在大一快结束的时候，他认识了特蕾莎——那个漂亮的黑头发同学。特蕾莎的形象占据了他笔记本电脑屏幕上的一个正方形聊天框，他把这个正方形一直移到了屏幕左下角，尽可能靠近 Esc 键，这也是他的电脑屏幕范围内最远的地方。她一直在和统计学课上认识的一个人约会，这个人后来转学到了东北部的一所大学。特蕾莎的男朋友离开后，她和杰里米建立了更深厚的友谊，他们有几次在当地的一家餐馆一起待到很晚，一起谈论概率偏差、分析和均值回归等令人兴奋的话题。虽然二人之间没有发生《卡萨布兰卡》里的那种浪漫关系，但当他们在大一升大二的那个夏天失去联系时，杰里米总是在想，他是否错过了彼此之间的一些火花。

现在他有了答案。就在一周前，特蕾莎第一次联系他，邀请他喝一杯，希望重新建立联系。尽管杰里米很感兴趣，但一想到要见面他就退缩了，于是提出使用 Zoom 软件聊天。从一开始，这几乎就是一场灾难。要是没有大一时的统计学课，他们几乎没有什么共同语言。对杰里米来说，这个时机真是太糟糕了。说他最近一直专注于游戏驿站和交易账户都太轻描淡写了。甚至在用 Zoom 通话之前，凌晨 5 点从断断续续的睡眠中醒来后，他就一直盯着笔记本电脑屏幕，并且打算一直待在桌子后面，直到饥饿或其他同样重要的事情让他停下来。

距离船靠岸还不到两个星期，
当瑞安·科恩加入董事会时，
船长召集所有人发誓，
他将持有股份。

很快"鸡柳侠"就会来了，
把我们的火箭发射到太阳上，
有一天，当交易结束时，
我们会带着我们的收获离开……

他真的很喜欢这首歌，它的歌词捕捉到了席卷红迪网论坛的充满希望的情绪。现在杰里米是那群人中的一员了，他全情投入游戏驿站，觉得自己已经站在前线，与其他"堕落者"站在一起了，而这场战斗显然才刚刚开始。

那天之后，在和父亲一起打高尔夫的时候，他第一次购买了 200 股股票，平均价格为 15.44 美元，总价为 3 088 美元——当然是零佣金购买的。1 月 4 日，他又以 19.20 美元的价格增持了 150 股，投资额又增加了 2 880 美元。现在总投资额已接近 6 000 美元。从他在 WSB 论坛上获得的信息来看，自己的投资数额接近中位数，尽管距离 DFV 这样的传奇人物还很远，但他也是这场战斗中的一名忠诚战士。

这让杰里米开始认识到自己的交易方式不是一项投资，甚至不是他对父亲所说的秉持"YOLO"冒险理念的尝试。一旦他真的迈出了第一步，购买了游戏驿站股票，他就会在情感上与 WSB 论坛保持一致，寻求与华尔街抗衡。

杰里米睁开眼睛，尽力把注意力集中在 Zoom 聊天上，这个聊天在他的笔记本电脑上只占了很少的空间，他尽可能诚挚地辩解这一点。他想知道，如果自己告诉特蕾莎有关 WSB 论坛的事情，她会怎么想。这场运动围绕着一家电子游戏商店和一个在优兔上戴着红头巾的家伙展开。事实上，他现在也是这场运动的一部分，也许她已经听说过游戏驿站的故事，因为这件事已经受到了商业媒体的关注，进入更主流的新闻媒体只是时间问题。尽管人们还在争论真正的轧空是否已经开始，但股票走势已经趋于疯狂——就在几个小时前，杰里米看到股价已经达到了 43 美元。

这意味着他所拥有的股票的价值现在超过了 1.5 万美元。他的股份增值了一倍多。

杰里米对游戏驿站的投资很成功，但他的父亲表现得更好。在高尔夫球场的谈话之后，他的父亲决定跟随他进行交易，并以均价 17 美元左右的价格买进了 1 000 股。与杰里米所冒的风险相比，这是实实在在的钱：一笔 17 000 美元的投资，现在价值 43 000 美元。杰里米知道，他必须努力工作，才能让父亲继续持有这些股票。每次杰里米提到"钻石手"这个词时，他的父亲只是笑笑，很明显，父亲不会像杰里米一样怀着同样的狂热来对待这个问题。他认为，这是一件好事。

杰里米应该是第一个承认自己必须小心谨慎而不要失去理智的人。他已经很难集中精力学习，而且在过去的几天中，他已经因为"泡泡"[1]错过了两节课。他不止一次地拿起又放下最新的习题集，但线性代数并不像亲身参与反对华尔街的战争那样具有吸引力。

也许在 Zoom 聊天软件上的女孩已经听说了一些关于"反对华尔街"的战争的事情。例如，如果那天早上她打开美国消费者新闻与商业频道，或者在推特上阅读了任何商业评论，她就会完全了解杰里米如何看待正在发生的事情了。尽管价格仍相对低廉，仅为 43 美元，但西装革履的华尔街人已经开始反击了。迄

---

[1] 指的是在新冠疫情暴发期间，人们形成的一个封闭的小群体或者小圈子。——译者注

第 14 章　胜利才刚刚开始

今为止，在抨击红迪网的保守派人士中，或许最让人愤怒的是卖空狂热者、活动人士安德鲁·莱福特，他经营着一家名为香橼研究的公司。当天早上，当游戏驿站股价在开盘后开始上涨时，莱福特的公司就在推特上发布了一则推文，称明天他们将进行直播，主题是：在此价位，游戏驿站股票的买家是傻瓜的5个原因。他们宣称股价会快速降至20美元，并放话表示"我们比你们更了解空头，我们会做出解释"。

正如人们所预料的那样，这条推特像一包炸药一样击中了WSB论坛。这让WSB论坛立即团结起来，以他们的媒介方式攻击香橼研究和莱福特。恶毒的表情包、人身攻击、嘲笑，百无禁忌。尽管杰里米并不赞同那些将香橼研究和梅尔文资本视为敌人的人所使用的阴暗手段，但很明显，香橼研究对WSB论坛上的散户交易者也没有表现出多少尊重。对杰里米来说，莱福特只是一个滔滔不绝地发表自己观点的人，他的意见并不比DFV的意见更有说服力。美国消费者新闻与商业频道给了他一个传声筒，但他真正做到的只是燃起了对手更高涨的热情。这天结束时，网络上的骚动变得异常激烈，香橼研究甚至取消了直播，后来又声称其推特账户被黑客入侵攻击了。

杰里米虽不赞同对莱福特的恶毒人身攻击，但他确实理解WSB论坛对被称为"傻瓜"的自然反应——特别是当股价飙升至新高时。为什么他们要听莱福特而不是DFV的？因为莱福特上了一所更好的大学？因为他在曼哈顿的办公室而不是在马萨诸塞州的某个地下室里工作？

就算特蕾莎一直在关注游戏驿站股票，杰里米也没有机会用他的交易账户给她留下深刻印象了，因为她已经找借口说她的笔记本电脑电量不足了。杰里米不确定他俩谁先按下了"离开会议"按钮，但特蕾莎的脸在他的屏幕上停留了太长时间，他可以看到，他俩都如释重负。

在消息冲击市场之前，
WSB论坛就买下了它，
用"钻石手"，他们知道自己会获利，
只要他们能把握住。

很快"鸡柳侠"就会来了，
把我们的火箭发射到太阳上，
有一天，当交易结束时，
我们会带着我们的收获离开……

他已经关掉了Zoom，这时一个新的铃声告诉他，他还不能回到WSB论坛、海上棚屋和反香橼的怒吼中。他瞥了一眼手机，发现他的弟弟正邀请他视频聊天——卡斯珀真是挑了个好时机啊。当然，卡斯珀早就知道约会会提前结束，并会以失败告终。毕竟，在他们成长的大部分岁月里，他俩都是在一艘双体船上，共享44英尺长的帆布长大的。

杰里米不情愿地接了视频，看到一头红金色头发的卡斯珀在咧嘴大笑。

"你又搞砸了，对吧？"

"闭嘴，笨蛋。"

"就是这种态度把她们都赶走了。你试过友善一点吗？"

杰里米伸手要去断开聊天。

卡斯珀在镜头前边挥手边说道："等等，老哥，开玩笑呢。我打电话来并不是真的想谈论你在女士们面前表现出的无能。而是爸爸发了短信给我，和游戏驿站有关。"

杰里米感觉胃里一阵翻腾。

"他没有卖吧，对吗？"

一阵短暂的停顿，卡斯珀在这段时间内进行了充分思考。"没有。但我告诉他应该这么做。你也应该这么做。每股43美元！你真有钱！"

杰里米长出了一口气。

"你不知道自己在说什么。这才刚刚开始。"

从圣诞节假期开车回来的路上开始，杰里米就已经和卡斯珀反复讨论过几次关于游戏驿站的问题。卡斯珀认为杰里米疯了，并就他们父亲投资股票的问题找碴儿。

"你现在是专家了？"

"不，"杰里米说，"我是人猿。我是人猿之王。"

他的兄弟并不以为然。

"你真的认为这些做空游戏驿站的华尔街的公司不知道自己在做什么吗？"

杰里米认为他的弟弟并不是真的想知道答案，但杰里米已经对这个问题做了很多思考。他对梅尔文资本知之甚少，只知道它是华尔街一家很受尊敬的公司。盖布·普洛特金本应该是一个明星交易员，是由史蒂夫·科恩培养的金融界最令人畏惧的那批人之一。普洛特金很聪明，可能比 WSB 论坛的所有人都聪明。但是，杰里米认为，普洛特金并不明白他面对的是什么。

他决定用卡斯珀能理解的方式来表达。他的弟弟虽然不投资股票，但经常在网上或者和学校的朋友们玩扑克。他知道如何赌博，也知道过于自负意味着什么。

"梅尔文资本手里拿着一对 A。翻牌成功，显示两张 6 和一张 A。梅尔文资本确信他们已经满堂红，A 超过 6 赢了。他们看不到的是我们。我们拿着一对 6——我们有四张相同的牌。梅尔文资本和其他华尔街公司认为做空一家他们认为注定失败的公司是正确的选择。但他们还是会输。他们太傲慢了，太习惯于胜利，他们就是不能放手。"

他弟弟停了下来，消化了一下，然后看着摄像头。

"我猜你不会卖的。"

"也许我永远都不会卖了。"

"那太愚蠢了。这是游戏驿站。它的市场价值已经……"

"而这正是你和华尔街所不理解的。你还是觉得市场价值很重要。你听起来就像香橼研究的那些人，在美国消费者新闻与商业频道上告诉我为什么我是牌桌上的笨蛋。你不知道这里到底发生了什么。"

"杰里米。"

"整个世界都搞砸了，"杰里米继续说，他觉得自己的脸在发烫，情绪在涌动，"我们都被困在家里的沙发和床上，而香橼研究和梅尔文资本这样的华尔街精英正从他们的海滨别墅和顶层公寓里看着我们。他们有分析师团队、复杂的数学算法和巨额资金，而我们有什么？"

卡斯珀再次停顿。

"天哪，这次约会一定很糟糕——"

"我们有 GME。"杰里米最后说。

然后他伸手去触摸屏幕，断开了连接。

游戏驿站股票简称 GME。不是 GameStop（游戏结束），而是 GME。

这是一次千载难逢的实现野心的机会。

第 15 章
一切尽在掌握中

2021 年 1 月 22 日

佛罗里达州奥兰多市。

这是一个阳光明媚,微风拂面,十分美好的星期五下午。

离收盘还有 10 分钟。

吉姆·斯沃特沃特自吃完早餐后喘了第一口气,他的办公室位于奥兰多市玛丽湖罗宾汉公司总部的角落,现在他的目光正穿过办公室的窗户,落在远处一棵在风中摇曳的棕榈树上。收盘铃声的最后几个节拍在沉默中消逝,只有呼吸,与那些起伏的镰刀形树叶此起彼伏。在这家硅谷新兴经纪公司任职一年半以来,他度过了最不寻常的一天,也为最不寻常的一周画上了句号。

如果要对该公司位于美丽的玛丽湖畔的办公室做出任何评

价，那就是这里几乎从未发生过不寻常的事情。之所以把总部设在离奥兰多市中心20英里的I-4号州际公路上一片被太阳晒得发白的土地上，就是为了避免一切不寻常的事情。玛丽湖是一个令人愉快的地方，一个美丽家园，旁边有自然保护区、湖泊、自行车道、露天餐厅、精品店和优质的学校系统，其主要卖点是靠近机场，并且紧邻地球上最大的旅游目的地。虽然玛丽湖的形状像老鼠耳朵，却仍然是一个养家糊口的好地方，也是一个相当奇怪的地方，可以安放下金融科技领域最热门、最具创新性的公司的总部。

当然，在佛罗里达州北部棕榈树和鳄鱼出没的水域中开设一个办公室的决定，与快速、危险的扩张带来的复杂成本效益计算有很大关系。罗宾汉公司发展迅速，雇用了很多员工，因此在地理范围上，罗宾汉公司远远扩张到了门洛帕克之外也情有可原。其在纽约和西雅图设立办公室的计划很快就会公布，而在玛丽湖设立总部的消息是最先公布的，该消息公布于2017年，与之一同公布的还有雇用200名员工的宏伟目标。吉姆以前曾在曼哈顿下城的摩天大楼里工作过，与在普通投资银行工作的数千人相比，或者说，与77 000名在高速公路边灰姑娘城堡的光芒下工作的人相比，这只是一小步。但是，对于一家主要面向千禧一代——他们只有几千美元的可支配收入可以投入股市，会在一个随机的周五下午进行投资——的硅谷初创公司来说，这是相当惊人的。

同样令人印象深刻的还有位于玛丽湖的罗宾汉公司总部本身，也许它不像门洛帕克的海滩那样有登上杂志的价值，但它清新而现代，有一流的会议室和办公室，当然还有很多扇窗户。这里还有一幅类似门洛帕克那边的壁画，上面画着猫，向舍伍德致敬，但在玛丽湖总部的壁画中，森林被换成了一个布满码头的沿海海湾，有摩托艇、躺椅、海盗猫和戴着太阳镜的鳄鱼。摄像机也准备好了，以备弗拉德和拜住来访时使用——尽管这两位创始人并不经常经过玛丽湖。

吉姆并没有抱怨——离太空山这么近，谁会有抱怨呢？大多数的科技公司以硅谷为中心，它们的触角延伸到了加利福尼亚州边界之外，罗宾汉公司也一样，它的办公室通常不会被报道。人们很容易把玛丽湖的运营想象成隐藏在地理屏障后面的东西，而吉姆通常只是电话另一端的声音——最近来看，是Zoom视频软件另一端的一张脸。只有在事情进展不顺时，你才能听到他的声音或看到他的脸，但是吉姆知道一切并没有那么简单。罗宾汉不同于硅谷的其他科技公司，因为它不仅仅是一家科技公司。吉姆在玛丽湖的团队已经有70多人，自2019年6月他加入以来，该团队正在日益壮大，这是罗宾汉正在打造的业务核心，也是罗宾汉公司的市值很快就会比最近众多财经报纸公布的40亿美元估值高出许多倍的部分原因。

尽管罗宾汉公司正努力成为金融科技中的"金融"中心，但这并不意味着吉姆在该公司的职位非常重要且光彩夺目，他自己也不像弗拉德或拜住，他俩光彩夺目，似乎是为《福布斯》未来的某个封面精心打造的。更糟糕的是，吉姆最初是被雇来负责清算工作的——这可不是那种你可以在日常交际中能轻易解释清楚的头衔。当然，玛丽湖没有多少交际场合，但如果吉姆穿着傻乎乎的衣服或戴着搞笑的头饰出现，至少人们会知道他是做什么的。现在，他是公司的总裁和首席运营官，在鸡尾酒会上介绍自己要容易得多了。但是，当他深入了解事实真相时，他看起来似乎是自愿加入某种财务证人保护计划的。

吉姆并不是一开始就从事清算工作的。他曾是华尔街的一名交易员，后来转向创业技术方面的业务。早在1999年，他就在早期在线券商之一的亿创理财负责其经营交易部。在成为该公司的首席运营官后，他又跳槽到史考特证券担任类似职位，然后成为贸易怪兽（跨境物流与供应链服务商）交易部门的总裁。最重要的是，这些年来，他不仅在多家金融机构工作过，也曾为许多创业公司工作。但不管怎样，成为罗宾汉公司的一员一直是吉姆的一个梦想，这有多方面原因。

罗宾汉公司在同行中是独一无二的，因为它以全新的、基于云计算的技术搭建了自己的清算平台，融汇了科技和金融。最重要的是，罗宾汉的使命和愿景是与众不同且鼓舞人心的。这家公司不仅以盈利为导向，而且似乎在道德上更站得住脚。罗宾汉希望通过向普通人开放交易平台来创造相对公平的竞争环境，许多用户以前从未有过投资股票的机会。罗宾汉公司刚成立的时候，社会上前1%的人持有50%的股票，如果罗宾汉公司简化了交易平台，使市场更加公平，那将会是一个巨大的净正值。

尽管罗宾汉公司这个平台很光鲜闪亮，但吉姆知道真正的魔力隐藏在背后，即在罗宾汉公司的融资策略中，而这正是吉姆负责的领域。罗宾汉公司正在为千禧一代和Z世代重塑股票市场，但年轻人最不愿意看到或想到的就是公司运营背后的东西。有时候，在旁观者看来，类似的态度十分常见。除非坠海，否则硅谷不会是比奥兰多更符合"保持距离"的地方。这种态度是有道理的：水管工给你修理水槽的时候，你可能会和他进行愉快的交谈，但事后你通常不会邀请他共进晚餐。

但是过去的这一周——在这个令人疯狂的周五下午它达到高潮，这是水管工难得在附近闲逛的时刻，至少在主菜上完之前是这样的。吉姆在过去的几个小时里与门洛帕克通了好几次电话。市场上发生的事情，尤其是关于罗宾汉交易平台的事情，并不是什么紧急情况——但它很让人烦忧，更重要的是，它很不同寻常。因为和其他不时出现的涉及清算和资本关注的市场问题不同，这次的情况与罗宾汉用户买卖的13 000只股票的大量异常交易无关，反而主要围绕着一只股票。

作为清算部门的负责人兼现任首席运营官，吉姆在处理平台用户和交易方面遇到了不少困难。在他加入罗宾汉之前，公司在发展过程中曾多次受挫，比如 2018 年罗宾汉储蓄账户被指控银行监管混乱，还有一些最近才出现的问题，比如美国证券交易委员会对该公司涉嫌缺乏上报的"订单流支付"行为处以 6 500 万美元的罚款。但迄今为止最艰难的时刻发生在 7 个月前，一位名叫亚历山大·卡恩斯的 20 岁大学生在看到自己的罗宾汉账户上有超过 73 万美元的临时负债后自杀了。实际上卡恩斯并没有受到任何巨大损失的牵连，他账户上的负债是由于一些复杂的看跌期权造成的，他没有意识到这个暂时负债很快会被其账户上的一笔款项所抵销，但是很显然，当时的混乱给这个男孩带来了沉重的负担。卡恩斯去世后，《福布斯》杂志曾报道，卡恩斯在遗书中写道："一个没有收入的 20 岁年轻人怎么能获得价值近 100 万美元的杠杆？"

对于罗宾汉公司的每一个人来说，这都是一个巨大的、悲痛的、悲剧性的时刻，这一时刻也在新闻中频频出现，并在许多社交网络中引发关注。罗宾汉在这次事件后尽了最大努力，以确保此类误解不会再次发生——改进包括期权交易在内的网站信息，优化界面，扩充教育版块的内容，特别是和期权及保证金交易有关的内容。这样的悲剧本不应该发生，吉姆和公司的其他高管会尽一切努力保护用户的生命安全。

但吉姆知道,像期权这样强大的交易工具——它让用户能够自行增加杠杆,总是会带来一定程度上的风险。而保证金——可以允许认证用户用借来的钱购买股票,赋予了交易员使用更多资金进行投资的能力。日内交易不是电子游戏,不管它看起来像什么。这是真实的生活,有其真实的含义。

作为清算负责人,吉姆的工作是管理风险——不仅是为其平台用户,也是为整个公司,并且要符合政府和银行业制定的法规,其中一些法规可以追溯到"应用程序"、"云"或"在线"等词汇还没有与金融扯上任何关系的时代。

如果吉姆回到那个他想象中的晚宴上,试着解释他的谋生之道,他会尽量简化:清算涉及从某人开始交易——比如买卖股票,到交易结束即股票正式合法易手这段时间内发生的所有事情。

大多数使用在线券商的人都认为交易是即时发生的:你想要 10 股游戏驿站股票,那么按下按钮购买之后,你的账户立刻就会有 10 股游戏驿站股票。但事实并非如此。你点击购买按钮后,罗宾汉公司可能会立即找到你要买的股票,并将其存入你的账户,但实际交易到账时间需要两天。因此用金融术语来说,这被称为"T+2 结算"。

到了晚餐谈话的时候,吉姆完全预料到其他就餐者的眼睛会变得呆滞,但他才刚刚开始。一旦有交易开始进行——一旦你按下手机上的购买按钮，吉姆的工作就开始了，他要处理中间过程中所发生的一切事务。首先，他必须帮忙寻找交易的对手——也就是订单流的支付来源，因为罗宾汉公司会将其交易捆绑起来，"出售"给像城堡投资这样的做市商。接下来，清算经纪的工作就是确保每次交易都安全可靠。在实际操作中，这种做法的运作方式是在每个交易日上午10点之前，罗宾汉公司必须为其平台的每笔交易提供保险，其方式是向联邦监管的清算所——即美国证券存托与清算公司（DTCC）存入一笔现金。这笔存款（保证金）是基于当日交易股票的数量、类型、风险状况和价值而定的。股票的风险越大——买卖之间出现问题的可能性就越大，保证金也就越高。

当然，这一切都是通过电脑在线完成的。2021年，尤其是在罗宾汉公司这样的地方，使用的是一个几乎完全自动化的系统：当平台用户买卖股票时，吉姆的电脑会根据美国证券交易委员会和银行监管机构的要求，向平台用户推荐他可能需要的存款工具类别——一切简单明了，只需按下一个交易按钮。

如果和吉姆共进晚餐的人这会儿还清醒，那么他就可以用他们现在能理解的语言来解释他刚刚经历的疯狂的一周。也许他们就会明白了——因为这一切都与一只现在已经进入主流新闻的股票有关。

说游戏驿站所发生的一切是史无前例的，那都太轻描淡写了。过去一周，该股票的价格又上涨了一倍多，当天下午早些时候甚至达到了76.76美元的盘中高点，而就在不久前，该股票以65.01美元的价格收盘。这种价格变动本身并不稀奇，但游戏驿站是通过难以置信的日成交量和波动性来实现这种变动的。仅今天一天，就有超过1.94亿股股票换手——这是该股票通常平均水平的8倍。在期权方面，该股票的波动性更大：截至当天下午，已有91.3万份看涨期权交易。一份执行价为60美元的期权合约今天到期，它已成为整个股票市场上交易最活跃的期权——价格上涨了近3 000%。

游戏驿站股票的整体波动是如此疯狂，以至于其股票交易已经被暂停了至少4次——而这一切都发生在一周前该股票股价翻倍之后。游戏驿站，一家可以说早在10年前就进入全盛时期的公司，现在已经成了世界上交易最活跃的公司。

吉姆收看了美国消费者新闻与商业频道，读了《华尔街日报》——该报纸甚至会送到奥兰多，因此，他很清楚在WSB论坛上相互沟通的散户交易者和持有大量空头头寸的华尔街公司之间正在酝酿着一场战争。他当然也关注到了那场推特闹剧，当时香橼研究在推特上称红迪网的交易者是"傻瓜"。

据安德鲁·莱福特和香橼资本称，自从3天前他们发布这条推特后，事态反而变得更糟了。莱福特在上周五推特上发布的一封信中，宣布将不再公开评论游戏驿站，声称他和家人受到了

"一群持有这只股票的愤怒暴徒"的骚扰，这些暴徒"在过去的48小时内犯下了多项罪行"。

香橼在过去48小时内所经历的一切简直是对投资界现状的侮辱……我们是把安全和家庭放在第一位的投资者，当我们认为这一点已经受到损害时，我们有责任远离某只股票。

在优兔上发布的一段视频中，莱福特进一步补充说："他从未见过人们如此愤怒地交换意见，就因为有人加入了交易的对手方。"

显然，围绕游戏驿站所发生的事情并不寻常，在华尔街工作的几十年里，吉姆从未遇到过这样的情况。毫无疑问，在这件正在发生的事情中，情感因素助长了他在处理清算问题时所看到的混乱。交易量、波动性——这些都代表异常的交易模式，因为这场正在进行的交易是由异常的交易动机驱动的。市场本应是理性的，但那些如此热爱一只股票的人，甚至会骚扰到交易对手方的家人，这就毫无理性可言了。

然而，尽管市场不同寻常，股票也很混乱，但吉姆确信，在清算方面，一切都在他的掌控之中。自动化系统已按预期启动，几个星期以来，系统已经提高了游戏驿站股票交易的保证金要求，以降低风险。当事情开始变得疯狂时，人们仍然可以在罗宾汉凭借保证金购买游戏驿站股票，但只能以通常价格的 50% 进行购买。最终，这一数字将变成 100%——这意味着人们不太可能再凭借保证金购买游戏驿站股票。这种控制可能会让部分用户感到不安，但这不仅是为了保护罗宾汉的保证金——部分基于交易的风险状况，也是为了保护用户。

吉姆认为他的大部分职责是关注那些客户——罗宾汉的用户。无佣金交易和零账户要求只是其中的一部分。"订单流支付"不仅让罗宾汉受益，也为它的用户节省了更多的成本，因为这些交易是通过做市商进行的，它们一直在不断寻找最佳和最有效的结算方式。这就是为什么罗宾汉的大部分交易都是通过城堡投资进行的。城堡投资是一家总部位于芝加哥的大型金融公司，由肯·格里芬创立，该公司现在处理的散户交易量占市场总交易量的 40%，就是因为它在这个领域做得最好。通过城堡投资，罗宾汉公司的订单流支付策略仅在过去一年就为所有用户节省了 10 亿美元，通过寻找最佳出价和报价，并以最有效的方式完成交易。

当然，"订单流支付"的来龙去脉与清算所涉及的细节一样复杂。最重要的是，吉姆和罗宾汉公司决心让他们的散户投资者感到开心和安全。有时，这意味着努力地向一个或另一个方向倾斜。只要游戏驿站的股价持续波动，就必须采取限制保证金交易等措施。虽然有些用户可能会觉得这是一种约束，但有时候适当约束对大家都有好处。

几分钟后，市场终于收市了，吉姆把注意力转回到桌上的电脑上。游戏驿站股票的价格图表占据了大部分屏幕，这确实令人印象深刻。每股 65.01 美元的收盘价无疑让罗宾汉应用程序的很多用户都赚了一大笔钱。有些人，也许赚了数百万美元。但一周过去，周末到了。吉姆确信，更冷静、更理性的头脑最终会接管一切。事情总是如此。

市场本质上是理性的，这种观点可以追溯到很久以前，一直到 18 世纪。尽管多年来发生的许多事件挑战了这一逻辑——一个接一个的经济泡沫，偶尔出现的市场震荡，一直到 2008 年的崩盘。但最终，人们会倾向于按照自己的最佳利益行事。当他们看到有价值时就买进，感觉到事情即将发生逆转时则卖出。

所有关于轧空的讨论——很可能，只是讨论而已。每当基本面不佳的股票上涨时，业余交易员就喜欢大喊轧空。但这种事几乎从未真正发生过。在过去的 10 年里，真正的轧空也许只发生过 15 次。

吉姆会一如既往地勤奋工作，密切关注那些清算保证金，确保一切继续顺利进行。但他并不过分担心。没有人花大量时间去担心那些被人们称为"黑天鹅"的低概率事件，但是毫无疑问，这种事件一旦发生将是灾难性的，因为它一生中最多只会发生一次。

而在像玛丽湖这样的地方，发生的次数甚至更少。

第 16 章
风暴越来越大

2021 年 1 月 25 日

我不会卖出，直到游戏驿站股票的股价涨到至少 1 000 美元。挺住……

"也许你才是应该受到约束的人。我想你们都疯了。"

那孩子盯着金的手机屏幕，脸上露出微笑，长长的金发垂在额头上，闪亮的头发衬托着他窄小的脸庞。金对他报以微笑，把血压计的尼龙搭扣系在他细长的手臂上。男孩的名字叫杰克，他已经不是孩子了——他 20 岁了，目前是一名在校大三学生，在他迄今为止的人生中已经经历了很多糟糕的事情，他绿色的眼睛下面有皱纹，即使在他不笑的时候，嘴角也保持着充满讽刺意味的上扬的弧度。

金把手机放在他旁边的座位上，却没有意识到她的手机页面还停留在WSB论坛。她想过把页面关掉，把手机藏在手术服里，但后来觉得就这样留在原页面也无妨。看着杰克穿着印有老式雅达利游戏机的复古T恤和匡威运动鞋，金猜想他会像其他人一样对游戏驿站发生的事情感兴趣。杰克让她想起了大儿子布莱恩的一些玩伴。放学后，布莱恩有时会和一些溜冰场的男孩在一起玩，他们总是让金有点紧张，但布莱恩坚持说他们不是坏孩子，只是与众不同而已，而金总是能和与众不同的人相处得很好。

"今天没有人需要任何约束，"金说着，拉紧了血压计的搭扣，"而且你知道我们这里不用'疯狂'这个词，杰克。"

当金开始给他测量血压时，杰克翻了个白眼。在过去的一年里，她和杰克已经很熟了，因为杰克是她的众多老患者之一。新冠疫情对他这个年龄的孩子来说很艰难，尤其是那些已经处于边缘的孩子。新冠疫情让这些孩子更加孤立，让他们远离了日常生活，有时他们被困在家里，必须与父母待在一起，而父母往往并不能完全理解他们遭受的心理创伤或者其他让他们与众不同的原因。

"也许你不怎么用这个软件。我一直在用它。如果这还不算疯狂，我不知道还有什么是疯狂的。"

他指着屏幕上方的一篇帖子，是一位网名叫dumbledoreRoth-

IRA 的红迪网用户写的。金不需要看这篇帖子——她已经看过了，并浏览了很多评论，甚至给一些评论点了赞。现在她自己也持有游戏驿站股票，她完全能够理解这种情绪——1 000 美元的游戏驿站股价对于外行来说可能是疯狂的，但对于那些在过去的每个周末都花了大量时间浏览 WSB 论坛的人来说，他们阅读了一篇又一篇关于"钻石手"的评论，看到来自各行各业的人买进股票，然后把他们的交易账户公开在论坛公告板上，好让所有人都能看到——这就显得很合理了。

她回头看了一眼，确定小检查区周围的帘子已经严密地合上了。要是哪位医生碰巧路过，看到她与病人共用手机，她肯定会惹上麻烦，但今天，她愿意冒险。手机屏幕里面发生的事情太吸引人了，让她几乎忘记了工作。

上班前，她把车停在医院后面的停车场后，在车里待了 30 分钟，一直在浏览 WSB 论坛。令人难以置信的是，周五收盘时，游戏驿站股价上涨到超过 65 美元，但这只是一个开始。周末并没有让股价上涨的速度慢下来。而且，在过去的两天里，WSB 论坛的其他成员似乎也和金一样处于疯狂的状态，他们满脑子都是可能要发生的事情。

那天早上股市终于开盘时，游戏驿站股价暴涨到 96.73 美元，而这只是一个开始。当金在午休时间打开罗宾汉软件查看股价时，游戏驿站股价已经接近 159.18 美元的盘中高点。自那以后，股价一直在下跌——但30分钟前刚刚收于76.79美元，比上周五收盘价高出超过10美元。即使是现在，游戏驿站股价在盘后交易中仍在上涨，或许又会回到当天的高点。

令人难以置信的是，午餐时，金的100股股票的价值已接近1.6万美元。即使是现在，以当前收盘价76.79美元来计算，它也还值7 679美元。如果把它们全部卖掉，她就可以轻松地支付布莱恩的牙套费用了。

但她并不打算卖出股票。

"看看这个家伙，"杰克说，用手指指向屏幕，"这家伙绝对应该被绑起来。"

金瞥了一眼杰克所指的地方。杰克找到了论坛上的一个链接，这个链接里是一段发布在推特上的视频。金马上就认出了视频中的那个男人，因为她已经关注了这个人一段时间：大卫·波特努瓦——巴斯托尔体育公司的负责人。巴斯托尔最初是一本杂志，后来变成一个专注于体育的网站，再后来演变成一个互联网巨头，主要迎合那些曾经订阅过《体育画报》《马克西姆》《花花公子》的男性。波特努瓦是一个充满活力的人物——他狂热、暴躁，说话带有波士顿口音且极具煽动性。他经常发布关于比萨饼的视频评论，有时还发布股票评论。金从一开始就喜欢波特努瓦，因为尽管他和自己不太一样——波特努瓦是一个拥有众多追随者的千万富翁，而金只是一个普通人——但他似乎跟自己有所共鸣。

"我对游戏驿站发生的事情没有意见，"视频开始时，没有刮胡子、穿着一件白色 T 恤的波特努瓦走向屏幕说道，"WSB 论坛把游戏驿站股价推高，轧空发生。我敢肯定保守派会抱怨……闭嘴！……要么适应，要么死亡！WSB 论坛不会有什么变化。红迪网不会离开。罗宾汉也不会离开……这是游戏规则的一部分。你猜怎么着，在橄榄球比赛中，前进传球一开始并不存在……新的交易员、新的策略……股市是世界上最大的赌场……现在唯一的区别是，WSB 论坛的人也能做到这一点……你认为大银行不会抽水和抛售吗？闭嘴！鱼与熊掌，不可兼得……人们在哭鼻子！"

如果金不是在忙于测量血压，她肯定会鼓掌的。波特努瓦完全正确——她在评论中看到了，主流商业新闻媒体上，华尔街人士对游戏驿站事件极度悲观。他们似乎无法接受这样一个事实，即他们对股市的控制被红迪网上一群业余爱好者打破了。

"他说得太对了，"金一边说，一边不停地给血压计气泵打着气，"他很粗鲁，但他没有错。"

"你也要投票给他吗？"

金继续测量血压。

"他不会比其他人差多少。"

但杰克已经没有在关注波特努瓦的视频了，他把注意力转到了 WSB 论坛的另一个帖子上。他一边低声吹着口哨，一边用手指放大屏幕上的图像。

金立刻认出这是 DFV 最近的"YOLO"更新，以及他的交易账户图片。杰克吹口哨是对的，那个账户里的数字确实令人震惊。

"这笔钱是真的吗？"

金点了点头。DFV 最初的 53 000 美元投资出现了爆炸式增长。根据他的说法，他现在拥有 5 万股游戏驿站股票。按每股 76.79 美元计算，这些股票的总价值为 3 839 500 美元。此外，他还以每股 12 美元的执行价买入了 800 份游戏驿站股票 4 月 16 日的看涨期权。这些看涨期权现在价值高达 520 万美元。DFV 还从他之前的期权中积累了现金，这使他的账户总价值接近 1 400 万美元。

难怪 DFV 现在已经成了 WSB 论坛页面版块上最著名的用户，现在他的优兔视频每天都有数十万的浏览量。同样地，游戏驿站的故事被所有主流媒体谈论也就不足为奇了——关于游戏驿站事件的报道无处不在，不再局限于商业节目和网络。DFV——他们中的一员，只不过是另一个"弱智"，另一个"人猿"，但他赚了 1 400 万美元，与此同时，他也将一根"木桩"刺入了华尔街的中心。毫无疑问，金认为，华尔街空头在恐慌——他们必须恐慌。如果轧空不是确确实实正在发生，她之后将转而支持民主党。

当游戏驿站广受关注时,她最喜欢的一个模因来自吉姆·克莱默的一段视频。克莱默是一位选股人、投资者,也是美国消费者新闻与商业频道的主持人,在这场愈演愈烈的骚乱中,他曾几次在自己的频道上试图解释正在发生的事情。在这个节目中,克莱默总结了WSB论坛上的明显的交易策略,该策略与华尔街的算法形成鲜明对比。华尔街的算法涉及复杂的数学、数月的研究、高薪分析师,而WSB论坛的用户只是咆哮着:"我们喜欢这只股票!我们喜欢这只股票!"这句话已经变成了一个极富号召力的口号,不仅因为它简单易懂、易于传播,而且因为它确实涵盖了DFV一年多来一直在向所有愿意倾听他的人传达的一切。

现在,关注游戏驿站股票的不只DFV,也不只红迪网上的一群怪人。那天早上,在出门上班之前,金在厨房的桌子前看手机,她的大儿子布莱恩俯身看到了她的交易账户。他睁大了眼睛看着她。

"妈妈,你持有游戏驿站股票吗?"他问道。

"是的,"她回答道,"我在股价为16美元的时候就买了。"

她从未见过儿子如此兴奋。他立即开始发短信告诉他的朋友们,甚至还给她看了其中一条回复:"哦,天啊,这真是太棒了!告诉她下一步买狗狗币。"

金知道这很愚蠢,但从儿子那里听到这样的话让她激动不已,从一个十几岁的孩子那里得到很酷的评价几乎可以媲美从克莱默和波特努瓦那里得到赞扬。事实上,金感到无比自豪。

当她检查血压计上的数字并把它们誊写到杰克的图表上时,她意识到自己仍在微笑。整个上周和整个周末,欣维一直在通过短信和电子邮件,告诉金卖掉她的游戏驿站股票,但她不为所动。现在她决定坚持到底。欣维是为金着想,但他不明白,金现在是某些更宏大且真实的事件的一部分,而她会一直坚持下去。

"每股 1 000 美元,"杰克一边说,一边继续看她的手机,"但他们说我有妄想症。"

"没人这么说,"金一边回答,一边开始解开他手臂上的尼龙搭扣,"再说,有一点妄想也没有什么错。有时它能帮助你度过艰难的一天。"

她看着它继续滚动。每股 1 000 美元?也许杰克是对的,也许他们都在自欺欺人。

DFV 欺骗自己,然后获得了 1 400 万美元的资金。而金与他同在,带着她的 100 股股票,快乐地战胜了生活一次又一次向她提出的挑战。

如果游戏驿站所发生的一切是一个巨大的、共同错觉的结果——一群普通人实际上可以打败华尔街,那么金很愿意就这样闭上眼睛,深深地陷入一种幻想,真假虚实,她已分辨不清。

也许,一切只是错觉……

第 17 章
埃隆·马斯克的复仇

12 小时后。

加利福尼亚州霍索恩市地表以下 40 英尺，这是一处距离洛杉矶 15 英里的工人聚居地。

在一条新开挖的隧道里，有一条电动悬浮轨道和一个感应电动机，以及一个半建成的、配有进气风扇和轴流压缩机的超级高铁车厢。

埃隆·马斯克——特斯拉首席执行官兼技术之王，太空探索技术公司的首席执行官、首席技术官和首席设计师，狗狗币狂热爱好者，比特币倡导者，"星际联邦"前主席，世界首富，在穿越 12 英尺高、1 英里长的超级高铁测试轨道时动作利落。随着双腿飞速摆动，马斯克开始大口喘气，在低气压的地下管道环境中努力呼吸。植入他小脑的、最先进的神经连接系统立即发挥作用，补偿了缺乏的氧气，向他的神经通路发送信息，帮助他调整循环和呼吸需求。

马斯克一边加速，一边绕过半建成的超级高铁车厢，随后做了一个战斗翻滚动作，在接触到电动悬浮轨道之间的平坦地面后，结束这个动作，做出完美的蹲伏姿势。接下来，他举起了巨大的火焰喷射器——"不是真的火焰喷射器"，连接在白色和黑色桶上方的丙烷气罐上的阀门已经被打开，气体在流动，他一只手指伸向点火装置，另一只手指轻触扳机。

就在正前方，距离他蹲伏着的地方大约 9 英尺远的地方，埃隆可以看到那台巨大的机械化钻机正由后轮支撑着上升，就像一只被控制的昆虫，然后开始向前移动，笨重地向他驶来。埃隆知道，他在按下喷火器点火的那一瞬间点燃了丙烷。尽管这台钻机看起来很可怕，但它内部计算机系统中的人工智能知道应该做什么，埃隆自己安装的反自我意识的人工智能软件启动了。再过几个小时，人工智能就会获得足够的知识真正明白它是什么，它在哪里，为什么会这样，它需要摧毁谁——那就太晚了。

但软件已经开始运行了，埃隆及时到达了隧道。当然，作为已知宇宙中颇为强大、广受欢迎的企业家之一，埃隆本可以辞去工作，加入他的众多反人工智能杀手小组，但他是那种喜欢为自己做事的首席执行官。众所周知，当他的电动汽车公司特斯拉的产品 Model 3 轿车出现生产问题时，他就睡在装配厂的地板上，甚至连续 5 天没换过衣服。类似地，如果一个人工智能要在他的超级高铁测试隧道中产生自我意识，他一定要亲自处理这个问题。

他把火焰喷射器靠在肩膀上，把枪管对准有自我意识的钻机，数着毫秒，让它继续朝自己驶过来，直到它进入了武器的有效射程。埃隆抬起头，盯着机器上发光的控制二极管，它像邪恶野兽的眼睛一样闪烁着红光——他的手指紧紧地扣住扳机。

一阵火焰向前蹿去，吞没了钻机。钻机发出了奇怪的声音，齿轮在过热的丁烷风中融化、翻滚。机器的外壳开始弯曲，埃隆更用力地扣动扳机，看着火焰升起，闪烁着橙色的光芒，看起来充满神秘感。

天哪，这真是一幅美丽的景象。

***

6 个小时后，埃隆在高压睡眠舱的轻柔嗡嗡声中醒来，他使劲眨着眼睛，赶走最后残留的蒙眬、令人不安的睡意。第二次眨眼后，他再次启动了神经连接系统，用无线连接打开了他巨大的指挥舱的天花板灯，也启动了他放在睡眠舱旁边咖啡桌上的老式唱片机转盘。柔和的小提琴乐曲穿过厚厚的树脂玻璃，埃隆感到疲惫的肌肉开始放松。大多数时候，他偏爱电子流行音乐或弗兰克·西纳特拉的经典音乐，但经过一夜与人工智能的战斗，他觉得古典弦乐是更好的选择。

他又眨了眨眼睛，舱顶"嘶嘶"作响地打开了。然后他站起身来，拉开聚酯薄膜毯子，伸展双腿。这一动作使他的右肩感到一阵剧痛，这使他大吃一惊。通常，火焰喷射器没有太大的后坐力，所以也许他需要改进自己的战斗翻滚动作。

然后，他爬到舱外，穿过地堡走向厨房，厨房就在花岗岩雕刻的墙壁的转弯处。他光着脚走在石头地板上，感觉很温暖——这是拥有一个由地热通风口加热的秘密地堡的优点之一。这个地方在测试隧道下方 100 英尺处，由一个秘密的、完全完工的超级高铁连接到他距离海岸两英里甚至是更秘密的、已经完全完工的圆顶太空港，这是"007"系列电影中的反派会拥有的那种秘密地堡。但人们关于埃隆·马斯克的言论或文章的大部分内容都是错误或编造的。在围绕着他成功的大肆宣传中，他也获得了深深的满足感。如果埃隆·马斯克没有地堡，没有睡在高压氧舱里，没有用火焰喷射器对抗钻机，那还有谁能做到呢？贝佐斯？巴菲特？盖茨吗？

一想到比尔·盖茨使用火焰喷射器，埃隆就忍不住笑了。他走到厨房，径直走向放在双门冰箱旁边的福米加橱柜台面一角的搅拌机，那台搅拌机已经开到最大挡位。当搅拌机完成它的任务后，埃隆拿起搅拌机杯，低头看了一眼里面的黄绿色液体。

他还没有习惯这种混合物与空气中的氧气发生反应时的样

子，或者说，他还不习惯这种气味，这种气味绝对是陌生的。当然，这也说得通，因为制作这种液体的葫芦状蔬菜并不是产自加利福尼亚州，甚至不是产自伟大的得克萨斯州——埃隆很快就要把他的部分业务搬到那里，它根本就不是来自地球。这个蔬菜是太空探索技术公司在执行超级机密任务时带回来的。该公司广为人知的可重复使用的火箭业务，将改变整个航空航天业。带回蔬菜的特殊任务涉及一艘更复杂的宇宙飞船，它被安置在附近的另一个地下掩体中，那艘装有"概率引擎"的飞船，是埃隆当选"星际联邦"主席后不久"借来"的。如果没有"概率引擎"，埃隆至少还要再过好几年才能回答这个古老的问题——火星上是否有生命？现在他确实知道了。不管看起来如何，蔬菜的味道相当不错。

埃隆尝了一口蔬菜汁，然后用神经连接接通了电脑和平板屏幕的电源，这个屏幕占据了冰箱另一侧的大部分墙壁。首先出现的是他在前一天晚上与钻机战斗后回家看到的网站。埃隆一看到那个小吉祥物——戴着太阳镜的金发商人，他的笑容就绽放开来。

这位世界级富豪竟然对一群自称为"弱智"和"人猿"的人如此亲近，这只会让那些不太了解埃隆的人感到惊讶，他们不仅不了解他现在的性格，更不了解他过去的商业经历。

埃隆一直是个梦想家，对颠覆充满激情。24岁时，他和

第17章　埃隆·马斯克的复仇

弟弟一起创办了一家名为 Zip2 的软件公司，4 年后，他以超过 3 亿美元的价格卖掉了这家公司。仅仅一年后，他又创立贝宝（PayPal，国际贸易支付工具）公司。不久之后，贝宝被易贝（eBay，线上拍卖及购物网站）以 15 亿美元的价格收购。同年，他创办了太空探索技术公司。两年后，埃隆作为特斯拉的首席执行官和首席产品设计师，参与了特斯拉工厂的建设。但与许多富有的首席执行官和商人不同的是，埃隆并非只关注企业经营。他创建了很多企业，有很多钱，但推动他前进的不是金钱，而是一种想要让这个地球——以及在这个地球上，或是在地表之下，或是在地球之外 1.763 亿英里的地方的生活——变得更好的愿望。

他用神经连接来筛选 WSB 论坛上的评论，一些名字、词语和主题出现在他眼前——梅尔文资本、轧空、华尔街与普罗大众之争，他感到胃里火辣辣的。

埃隆不仅在理念层面上认同"弱智"和"人猿"——因为他们团结在自己喜欢的公司背后，努力让公司在新冠疫情期间生存下来——而且在个人层面上，埃隆也与他们联系在一起，分享他们对共同敌人的敌意。这个敌人曾经几乎摧毁了埃隆本人——或者至少是他的公司，就像一个拥有自我意识的人工智能最终可能毁灭世界一样。

特斯拉与卖空者的斗争众所周知，几乎同样出名的还有埃隆的公开咆哮——主要是通过推特，说卖空如何影响了公司的底线。这些空头——由典型的华尔街西装革履的人组成，打着数十亿美元对冲基金和"分析师"的幌子，早在 2012 年就盯上了特斯拉和埃隆。

在特斯拉工厂，埃隆一直试图制造一款不需要化石燃料以便改善生态环境的汽车，一款有朝一日能够实现自动驾驶的汽车。创造革命性的事物总是困难重重，充满风险。在许多卖空者看来，那些承担风险、尝试做困难事情的公司似乎只是他们盈利的途径。

埃隆非常清楚卖空者为自己的破坏性哲学辩护的理由：他们只是在识别疲软和欺诈行为，在消费者有权知道的问题上发声，保护整个市场。但任何曾在卖空狂潮另一端的人都了解现实。卖空者并不是简单地押注一只股票会下跌——而是像秃鹫一样贪婪地等待着，以便啄食它的残骸。卖空者经常通过自己的头寸，以及负面报道和煽动公众的不安情绪来压低股价。大型银行雇用了大批分析师，他们可以随时下调某只股票的评级。尽管银行宣称分析师与投资业务无关，但显而易见的是，二者存在大量的串通行为。

2018 年当特斯拉 Model 3 的生产问题公开时，这些卖空者团结在一起，反复打击特斯拉。特斯拉与卖空者之间最引人注目的公开争斗牵涉到对冲基金大亨、绿光资本创始人大卫·艾因霍恩。艾因霍恩不仅持有大量头寸可以做空特斯拉，还在写给投资者的信中对埃隆·马斯克本人进行了抨击。

这件事始于 2018 年夏天，当时特斯拉股价大涨，导致艾因霍恩的基金在空头头寸上亏损。埃隆在推特上嘲笑了艾因霍恩："悲剧。我会给艾因霍恩寄一盒超短裤，以帮助他度过这段艰难的时光。"据美国消费者新闻与商业频道等媒体报道，艾因霍恩随后在写给投资者的一封季度信中做出了回击：

我们想知道，自我吹捧的推文的批量生产技术是否会带来经济上的增长，或者用户是否会对一辆仓促生产的汽车质量感到满意……本季度最引人注目的一点是，埃隆·马斯克看起来并不可靠，而且孤注一掷。

但这仅仅是个开始。在接下来的季度信中，艾因霍恩甚至更直接地将特斯拉比作破产银行雷曼兄弟。

和雷曼兄弟一样，我们认为特斯拉股票即将陷入骗局……埃隆·马斯克反复无常的行为表明，他也有同样的看法。

据彭博社当时的报道，艾因霍恩指责特斯拉将永远无法实现他们为 Model 3 制定的低价目标，而埃隆本人实际上正试图让自己被解雇。

辞职可能行不通，因为这样一来，马斯克就无法声称，如果他留下来的话，他本可以解决这个问题。

就像 WSB 论坛里情同手足的网友一样，埃隆亲自参与了这场斗争，他不仅对卖空者感到愤怒，而且显然对华尔街押注他人失败的这种做法感到厌恶。在另一条推文中，他甚至重新命名了美国证券交易委员会：卖空者致富委员会。

当时，埃隆夜以继日地处理特斯拉的生产问题，亲自住在工厂里，监督必要的工作，以满足生产时间和价格要求。但不管他多么努力工作，也不管他试图建立什么样的未来，卖空者只关心利润。先是他们给投资者的信，紧接着，商业媒体也开始质疑特斯拉的技术、生产线，以及任何他们可以针对的目标。对该公司股票最低的价格预测是令人难以置信的每股 10 美元，而该公司股票当时的交易价格是这个数字的 10 倍以上。做出如此的价格预测主要是基于该公司的债务。但他们低估了埃隆的韧性和特斯拉的技术，他们不明白的是，埃隆不仅是在销售一款产品，还在努力铸梦。

但空头并没有如愿以偿地获利，他们从噩梦中赚钱。在特斯拉看来，他们斗争最激烈的时候，空头无所不用其极。一段特斯拉电池着火的视频在网上疯传，引发了多篇关于电动汽车危险性的文章评论，尤其是关于特斯拉的 Model S。特斯拉着火的概率仅为汽油车的 1/10 这一事实并不重要，也不会成为头条新闻。雪上加霜的是，一家商业杂志报道称，一名心怀不满的员工指出 Model 3 的电池也有问题。尽管完全未经证实，但媒体仍在不断报道。

事实上，埃隆最终还是击败了卖空者——特斯拉现在的股价超过了 880 美元，而且再也没有人谈论电池爆炸的事了——这让埃隆很高兴，但他永远不会完全忘记那些攻击他的空头所带来的创伤。当他看了 WSB 论坛，看到了评论中的愤怒，他也满腔愤怒。这些评论针对的主要是梅尔文资本，巧的是，它也是反对埃隆和特斯拉的做空团队中的一员。还有香橼的安德鲁·莱福特，他也帮忙举着那面可恶的卖空旗帜。

他以前也发过推文，而且他真的那么认为：卖空者的行为"应该被定义为非法行为"。当梦想家成功的时候，他就应该获得利润，而当别人的梦想破灭的时候，获利是不必要的，也是不道德的。

毫无疑问，他在游戏驿站这件事上所见证的是一场正在发生的轧空。前一天，即 1 月 25 日，周一，该股收盘价为 76.79 美元。现在它的开盘价是 88.56 美元。梅尔文资本和其他该死的空头很快就不得不采取行动了。只要 WSB 论坛上的乌合之众紧紧抓住不放，这些股票就会难以找到——而且价格会非常昂贵。

埃隆又吃了一口"火星茄子"混合物，或者南瓜，或者他最终决定的其他命名，脑子里想着那些被毁灭的空头。他还不确定自己将如何参与其中，但他知道，自己不可能继续保持沉默。

许多投资者和批评者都希望他在推特上不要那么直言不讳。他们不明白的是，推特以及其他许多可用的社交网络，不仅仅是一些用来交流的技术，就像电话或电子邮件，它也是人与人之间的桥梁——不是个人，而是所有人。当埃隆闭上眼睛时，即使没有神经连接，他的思想也不孤单，他可以看到成千上万的屏幕。

一场由所有这些屏幕驱动的革命看起来不同以往。它会发展得更快，也会让人感觉更粗暴。那些坐在互联网黑暗角落里，透过屏幕向外凝视的人不仅是愤怒的，而且是相互联系的。马斯克只是这个愤怒的反社交网络中的又一个节点，但每个节点都可以一次又一次地成倍增加，正因为如此，今天，也许是人类历史上第一次向这个网络发射了一枪，它真的可以传遍全世界。

第 18 章
梅尔文资本断臂求生

2021 年 1 月 26 日

半天之后，星期二下午。离收盘还有几分钟。

游戏驿站股价：147.98 美元。

盖布·普洛特金可能会想到很多这样的华尔街灾难故事，故事的结尾是一个穿着价值 3 000 美元西装的家伙在交易大厅里大喊着"卖！卖！卖！"另一方面，很少会以银行家叫喊着相反内容而结束。

但是，这正是当天 6 家主要银行的情绪，就像茶壶水开，飓风袭击曼哈顿下城，核电站进入临界状态一样。当天，全市所有做空游戏驿站股票的公司——包括梅尔文资本，它此前一周引发的反应促成了 26 日的情况——都喊着买入的口号，可能比其他任何地方都要多。

买！买！买！

盖布在收盘前混乱的几分钟里缓慢地走来走去，仿佛在做慢动作。尽管很难相信事情会发展到这个地步，他还是尽力表现得冷静、处之泰然——就像迈克尔·乔丹在重要比赛的关键时刻一样。但在这种情况下，任何三分球都无法挽救局面，任何令人难以置信的特技扣篮都无法改变最终的结果，因为从各种迹象来看，有人把篮筐拿走了。

他想错了吗？一群联系松散的日内交易散户真的能把一只股票从它的基本面剥离出来，并在空头看来，凭空创造出轧空的机会吗？还是发生了更恶劣的事情？显然，在WSB论坛上，至少在有针对性的帖子和评论中，有一种协调且方向一致的势力正在攻击梅尔文资本的所有空头头寸，而不仅仅是游戏驿站本身。但是，仅凭这一点就能让一只股票变成"核武器"吗？

盖布不会大声说出来，也许他自己也不会这么想，但那些WSB论坛上的"傻瓜"，那些坐在沙发上拿着新冠疫情补贴支票的散户输家可能只是整个故事的一半。他们吞噬了大量游戏驿站股票，但即便如此，还有更多的事情在发生着——也许包括复杂的看涨期权，也许散户暴徒手中的资金量更大。当然，发生的一切让人感觉都是有组织的。但没有人会有异议：游戏驿站股价与其公司的内在价值不再有任何关系。

不管到底发生了什么，压力已经变得如此之大，让人再也没有选择的余地。盖布和其他所有做过计算并决定做空游戏驿站的华尔街玩家都必须尽快补仓。这意味着卖空者需要从尽可能多的弱势投资者手中买进股票。

毫无疑问，盖布低估了，甚至没有真正识别出他的竞争对手。而且他也忽略了情感因素：怨恨、报复和愤怒都是可行的刺激因素，当这些因素被社交网络放大 100 万倍，或者被无形的、强大的力量凝聚和利用时，这些刺激性因素的力量足以强大到排山倒海、推动市场。

盖布不难想象，如果这发生在一个正常的时期，梅尔文资本的办公室会是什么样子。年轻人可能会对着他们的手机和电脑大喊大叫，咒骂，甚至扔东西。有些人会气愤，但大多数人会感到害怕。害怕损失每分每秒都在不断增加，也许还害怕失去工作。你没有解雇家人，但通常"比利表哥"不会在早餐前损失 10 亿美元。

盖布想象着他在梅尔文资本工作的员工和合作伙伴所经历的一切，即使是在家里，他们也在线上工作，在客卧、阁楼和改装过的游戏室里对着屏幕大喊大叫，这真是太可怕了。梅尔文资本正面临着华尔街历史上首屈一指的大失败。虽然盖布的公司在游戏驿站上可能损失的金额尚不得而知，但据《华尔街日报》、美国消费者新闻与商业频道等消息来源，梅尔文资本的损失将高达其总价值的53%。梅尔文资本年初的总资本约为125亿美元，如果报道准确的话，这意味着该公司的资本亏损将超过65亿美元。这些亏损主要是在游戏驿站上，但也包括WSB论坛攻击的许多其他空头头寸，比如AMC院线、黑莓公司和3B家居。

所以，很难不把这件事看成私人恩怨。在这些股票中，大多数股票股价暴涨的背后都不正常也没有缘由——所有这些股票的基本面都存在问题，除了用来对付华尔街的空头，再没有其他理由。游戏驿站已经成为整个美国市场上交易量最大的股票，超过了苹果、微软和特斯拉；该公司的估值在一年之内就从3.5亿美元上升到了100亿美元，其中很大一部分是在过去3个交易日内上升的，而该公司的实体营收仍在持续亏损。就连长期关注股市的迈克尔·巴里也曾称当前的交易是"反常、疯狂且危险的"。

巴里是一个绝佳的例子，说明这个故事并不像媒体所宣扬的那样简单——只是梅尔文资本这样的空头机构和WSB论坛的乌合之众之间的一场战斗。盖布知道，拿着疫情补贴支票的散户交易员可能会推动当前的局势，但真正的有钱人还在顶端观望，在汹涌的浪潮中犹豫不决。在过去的几个小时里，似乎每个人都试图参与其中。

也许让这一天的混乱局面雪上加霜的最大声音来自查马斯·帕利哈皮提亚，他是社会资本基金的前创始人和负责人。该基金在2017年关闭，因为经过一段时期的个人反省，这位亿万富翁怀疑对他来说，到底什么才是真正重要的。2018年，当他出现在卡拉·斯威舍和泰迪·施莱弗主持的播客上时，他试图解释这一决定，当时沃克斯（美国一家新媒体网站）这样报道：

我一直在探索，在所有这些事情累积之后——更多的公司投资，更多的资金筹集，更多的声名狼藉，更多的电视露面，更多的这个，更多的那个，更多的一切——为什么我没有变得更快乐？事实上，我变得更不开心了，我认为自己已然破坏了生活中一些最重要的关系，在我生活的许多方面，我创造了超越交易的关系……那些为我工作的人，那些我收了他们钱的人，欢迎你们。我们完成了应做的工作，但就像迈克尔·乔丹决定退役去打棒球一样，我也做了相同的选择。现在，我可能会回到"篮球场"，但这是我个人的决定。我不是你们的奴隶。我只想说清楚。或许200年前我的肤色会让你困惑，但如今我可不是你们的奴隶。

显然，选择退役和打棒球也让帕利哈皮提亚有时间加入游戏驿站的战斗，坚定地站在WSB论坛暴徒的这一边。在当天的交易中，他曾在推特上表示，自己购买了游戏驿站股票的看涨期权。后来他出现在了美国消费者新闻与商业频道中，并高举WSB论坛的旗帜。

在演讲中，帕利哈皮提亚描述了他如何花了一整晚的时间浏览 WSB 论坛上的内容，他相信世界所看到的是"以一种非常重要的方式进行的一场对当权派的抵制"。他没有把 WSB 论坛群体贬低为业余爱好者——恰恰相反。"我鼓励任何对这件事不以为意的人进入 WSB 论坛，实实在在地，哪怕只是看看论坛就知道了。"他不仅相信有些帖子是基于对基本原理的深入研究，而且完全理解将社区团结在一起的那种强烈情感。"许多人从 2008 年的经历中看到过华尔街是如何冒险，让散户投资者背上包袱的；这些当时还在上小学和高中的孩子眼睁睁地看着他们的父母失去了房子和工作……为什么华尔街的那些人得到了救助，却没有人来帮助我的家人？"

帕利哈皮提亚并不认为市场的混乱是短暂的失常。"这种散户现象将会一直存在。"在他看来，这是对华尔街多年来一直在玩的游戏的自然反应，是普通投资者遭受利益损失时的自然反应。

"一个普通人看到游戏驿站会说，你怎么能有 136% 的空头头寸？你怎么能比世界上实际存在的股票多出 40% 的空头净额呢？这就是华尔街玩了多年的游戏……而现在这个游戏失控了。"

然后，帕利哈皮提亚直接质疑梅尔文资本："游戏驿站之所以造成如此多的痛苦——梅尔文资本应该是罪魁祸首。盖布·普洛特金是我那个时代的巨人之一，但是归根结底，当交易对他不利时,所有人都会遭殃。基本面动量投资者,是有组织的资本和松散的附属机构——比如 WSB 论坛,他们可以站在同一立场上。"他说,这一次,尽管梅尔文资本拥有权力和地位,但散户投资者"不一定要成为套牢者……"

将帕利哈皮提亚描述为和 WSB 论坛的乌合之众步调一致的另一个"钻石手"文化战士,可能不太恰当。据报道,在接受美国消费者新闻与商业频道采访之前,他就已经结束了对游戏驿站的投资,并从盈利中拿出 50 万美元捐给了大卫·波特努瓦的巴斯托尔基金,用于救助小企业。此外,他随后还在推特和其他地方宣布,自己将竞选加利福尼亚州州长;尽管一周后他就退出了竞选,但很明显,他的"篮球退役"并不意味着他不喜欢偶尔受到聚光灯、闪光灯、摄像机和麦克风的关注。

盖布明白,反对他和梅尔文资本的力量已经远远超出了 WSB 论坛的范围,该论坛目前有 250 万名注册会员,而且还在不断增加,它仍然牢牢地扎根在互联网的底层。游戏驿站不再是一家摇摇欲坠的实体公司,而是一种理念,不再仅仅是一种财务状况,更是一个道德问题,盖布突然发现自己站错了队。

已经毫无选择余地了。尽管盖布很想再多等一天,看看理性思维是否能以某种方式回到市场并平息风暴——他知道风险每时每刻都在累积。股价一路狂飙——正如帕利哈皮提亚所预测的那样,短期内情况不会恢复正常——甚至可能永远不会。

事实上，情况将会变得越来越糟。

***

在美国消费者新闻与商业频道《财经论坛》节目上，盖布告诉安德鲁·罗斯·索尔金一段话，这段话在一天后被索尔金报道出来，大意是说在股市收盘8分钟后，当埃隆·马斯克那怪异、措辞简练、引爆市场的推特在世界各地的手机和笔记本电脑屏幕上闪现时，盖布已经抛售了他的巨额空头头寸，损失惨重。马斯克的推特上只写着："Gamestonk!!"（游戏驿站挺住！！）后面还附有一个WSB论坛的链接。这条推特被推送给他的4 200万粉丝，很快就以火枪子弹的力量击中了市场。在这之后，游戏驿站股价立即飙升了60%，到现在都没有任何下跌的迹象。谁也不知道它能涨到多高，但1 000美元的数字已经传遍了WSB论坛，这似乎不再是一个白日梦。

盖布坐在办公桌前，感觉手机就像一个铅块压在他的耳朵上。他一直在进行的谈话，可以追溯到一周前的几天，那肯定是他职业生涯中最艰难的谈话了。无论他在公共场合摆出什么脸色或通过他的发言人摆出什么态度，盖布的同事和业内竞争对手都认为这是一个生死攸关的时刻：梅尔文资本岌岌可危，一旦越过这个边界，盖布就会面临灾难。

但即使面对如此疯狂的事情，盖布也会继续前进。事实上，两天前，也就是1月25日，他已经做出了一个被视为前瞻性的安排，即使在如此动荡的情况下，这个安排也能提升梅尔文资本的业绩。

在童话故事和电影中，人们总会谈及与魔鬼的交易，好像这是一件坏事，但在华尔街，与魔鬼打交道就像康纳利西装和菲拉格慕领带一样司空见惯。天使并不常见，往往魔鬼才知道如何把事情做好。

盖布除了抛售他的空头头寸别无选择，尽管他提出了相反的意见，但人们普遍认为，对于接下来会发生的事情，他也别无选择。他已经损失了那么多钱。其他基金和商业媒体都在私下议论说公司要破产了，盖布认为破产是胡说八道，但公司确实已经大出血了，盖布比大多数人更清楚。

唯一真正能治疗大出血的方法，就是流更多的血。

第 19 章
城堡投资趁虚而入

肯·格里芬是华尔街巨头城堡投资的首席执行官、首席信息官和创始人。该公司管理着 380 亿美元的资产,美国市场 40% 的零售股票交易都通过其子公司城堡证券进行。肯按下手机屏幕上的断开键,然后靠在椅背上,以便更好地思考他在上个星期一做的交易,以及他接下来能做但在任何情况下都不会做的事。此时此刻,他几乎肯定自己座下并非那嵌满头骨的巨大象牙白王座,这些头骨都来自他在登上金融业顶峰的过程中战胜的敌人。

这样的一个王座,如果它存在的话,就很适合为这种思考烘托氛围。当然它并不存在,只要考虑一下把这该死的东西从城堡投资在芝加哥的主要办公室搬到他们因疫情而开设在佛罗里达州棕榈滩的临时总部需要花费的巨额费用就会明白。

如果肯真的花了早上大部分的时间,坐在王座上,因为凸出来的奇怪骨头扭来扭去，他可能也会注意到王座上异常的潮湿；棕榈滩比迈阿密更凉爽，也更温和，尽管它仍然在佛罗里达州。但是肯和城堡投资没有太多选择。新冠疫情大流行让人猝不及防，公司需要一个现成的、可用的、与可以说是美国最强大的公司相匹配的地方。当该公司买下整个四季酒店，包括几乎所有的房间、舞厅和壁橱，把它们建成全世界最大、最安全的那种庇护所时，所有人可能都惊掉了下巴。城堡投资的员工和陪同他们的家人，以及酒店的全体员工，从厨师到保安，在一年中的大部分时间里都被隔离在一起。但这一策略也使城堡投资能够在整个新冠疫情期间继续为用户提供服务，并没有出现任何差池。当你处于世界历史上最大的金融体系中心时，能持续提供服务是很重要的。

2008年，人们常认为有几家投资银行大而不能倒，因为它们对美国经济的作用重大，以至于如果它们破产，将有可能导致整个经济体系崩溃。对于城堡投资来说，有时情况似乎正好相反，美国经济的存在是为了服务城堡投资。

肯的世界金融巨头之路始于佛罗里达州的博卡拉顿市，那里距离目前他的公司疫情隔离的地方不远。20世纪80年代初，肯在高中时期就掌握了计算机编程技术，并在11年级时成立了自己的第一家公司，其业务是通过直邮方式销售教育软件。1986年被哈佛大学录取后，他转行从事股票交易。1987年，19岁的他从朋友和家人那里筹集了 26.5 万美元，创立了自己的第一只基金。作为最聪明的那类孩子，当学校提醒他"学生禁止在宿舍外经营企业"的规定时，他第一次与学校当局发生了冲突。也许学校之所以这么关注他，是因为他在卡伯特楼的屋顶上安装了一个巨大的卫星天线，这样他就可以更好地接收股票报价信息了。但肯并没有因技术问题而关停公司，因为他的公司是在佛罗里达州注册成立的，而且通过做空家庭购物网等公司迅速在 1987 年年末的市场下跌中赚了一大笔钱，同时还从债券市场的低效率中获取了利润。他的勇气和能力引起了芝加哥格伦伍德资本投资公司的著名投资者弗兰克·迈耶的注意。3 年后，肯从大学毕业，迈耶给他提供了 100 万美元的创业资金，还在风城（芝加哥）为他提供了一间办公室。

肯大学毕业的第一年就获得了 70% 的利润，这为他自立门户树立了信心。他想出了"城堡投资"这个名字，因为他认为这个名字"意味着"在"动荡"时期的力量。这很可能是一种巧合，因为它也是那种能让"数百万人"心中感到"恐怖"的名字。

从一开始，城堡投资就是围绕着肯的优势而建立的：数学、计算机编程、对技术的信仰，还有一些人可能会补充说，相传他脾气暴躁。在接下来的 20 年中，他的基金管理规模远远超过了 100 亿美元，该公司在芝加哥市中心的一幢摩天大楼里运行，其交易大厅通常被人们描述为像诺克斯堡（美国军事基地）一样安全，有无数的安保人员检查把守，到处都是没有翅膀和爪子的下属，但在看到他们的领袖时，无论有没有他那嵌满头骨的王座，大家都会感到颤抖和畏惧。城堡投资还被称为一家所谓的旋转门金融血汗工厂，交易员们在那里得到了丰厚的报酬，但需要在担心被淘汰的情况下不断辛勤工作，它的这一名声传遍了整个行业，导致了一场更著名的华尔街揭发丑事的风潮。据2007年《财富》杂志报道，对冲基金第三点基金的创始人丹尼尔·勒布是一位才华横溢的基金领导人，喜欢写恶毒的信件，据称他在给肯本人的一封电子邮件中写道：

我发现你自称为"从优秀到卓越，吉姆·柯林斯式"的组织与你所创造的"古拉格集中营"的现实之间存在非常可笑的脱节。你周围都是马屁精，但即使是你也必须知道，为你工作的人都厌恶你、憎恨你。我猜你知道这一点，因为我看过你让人们签署的雇佣协议。

即便如此，城堡投资依然繁荣发展，一直到2008年那场史无前例的金融危机。那时，也许是第一次，肯被提醒，尽管他正在变得强大，在收集中土世界之环的路上畅通无阻，几乎已经准备好打造一个魔戒来统治他们所有人了，但他还不是——到目前为止——不可战胜的。

像大多数华尔街基金和投资银行一样，城堡投资在2008年的金融危机中也遭受了重创。肯的基金曾一度下跌50%以上，估值损失了80亿美元，这导致肯采取了独特的措施来"封闭"其基金，以阻止投资者在他遭遇困难时撤资。2017年，在一场乌诺牌游戏中，肯接受了朱莉·西格尔的采访，解释了出错的原因，以及他曾离一无所有多么近。当投资银行雷曼兄弟破产时，货币市场立即切断了所有贷款，而当时城堡投资的杠杆率很高——根据一些报道，它的比例几乎是8∶1，并依靠其借贷能力生存。当水龙头关闭时，城堡投资发现自己干涸了。正如肯在采访中所说，他"最大的错误是没有意识到美国银行体系已经变得如此脆弱"。当公司陷入困境时，美国消费者新闻与商业频道把电视车停在肯在芝加哥的办公室外，希望第一个记录城堡投资不可避免的破产。对肯来说，那是"职业生涯中最糟糕的日子，就像是摩根士丹利走投无路、背水一战的时候。你周五回家，如果他们下周一没开门营业，你可能就得走人了"。

但奇迹般地，肯和城堡投资幸存了下来。肯没有预料到的是，在这个行业完全崩溃之前，政府出台了救助方案，拯救了行业中的一大部分公司。尽管整个磨难的过程"令人难以置信地丢脸"，但肯还是学到了宝贵的一课。"除非你是银行，否则不要表现得像银行一样。"最重要的是，他意识到——自己需要有更加

第19章　城堡投资趁虚而入

长远的思考。美国经济的脆弱几乎摧毁了他。仅仅城堡投资如其名字所暗示的那样坚固和不可穿透是不够的，经济本身也同样需要稳固。

在接下来的 10 年里，他努力让城堡投资成为股票市场的中心，利用该公司在数学和技术方面的优势，将交易与信息流联系起来。城堡证券是其公司的交易部门和做市商部门，肯早在 2003 年就创建了这个部门，由于他利用"算法"驱动的能力来"领先于市场"，公司实现了突飞猛进的发展。因为他可以比其他人更快、更好地预测交易的走向，所以他可以在交易量方面超越大型银行，提供更合适的利率，同时还能从买卖差价中获得巨大的利润。2005 年，美国证券交易委员会通过了一些规定，迫使经纪商寻找像城堡投资这样能够为用户节省最多成本的中间商。一定程度上得益于美国证券交易委员会的这一举措，肯的机构得以成长为最有效的也是占主导地位的交易中间商——尤其是对散户投资者而言，2008 年之后的 10 年里，随着众多在线券商的涌现，散户投资者数量激增。

城堡证券在大银行还没有意识到它们受到了什么打击之前就已经达到了规模，一旦城堡投资达到规模，其他任何公司都不可能与之竞争。城堡投资的效率以及它在报价和要价之间的微小差价上赚取数十亿美元的能力——再乘以数以百万计的交易量，使得像罗宾汉这样的零费用公司成为可能。城堡投资可以通过成为华尔街最高效、最便宜的做市商而获利。罗宾汉可以通过向用户提供零费用而获利。而那些在沙发上、厨房里、宿舍里交易的散户也能从中获利，因为他们现在可以使用和华尔街敌人一样的工具进行股票交易。

赢！赢！赢！

棕榈滩很潮湿，肯的王座上镶嵌的头骨上也会有水珠——如果这样的王座确实存在的话，当然事实上并不存在。但新冠疫情只是加强了城堡投资财富和权力的快速扩张，因为隔离和办公室、酒吧、餐馆的关闭，以及其他因素促使城堡投资的交易收入高达近70亿美元。毫无疑问，该公司的利润增长率超过了67%，比以往任何时候都要高。肯本人凭借超过160亿美元的净资产，在《福布斯》富豪榜上排名第28位。

但是，仅仅因为肯将世界——也可以说是美国经济，掌控在自己手中，并不意味着他脚下的道路总是平坦的。刚刚结束的通话无疑就是一个证据，表明还有一些事情是可能发生的，即使是肯——拥有所有的算法、下属和精灵族锻造的全能魔戒，也无法预测到的事情。

肯很难不同情盖布·普洛特金和他在过去几天里所经历的一切。尽管盖布只为肯工作过很短的一段时间，当时这位明星交易员才20多岁，还没去史蒂夫·科恩的公司，肯就知道他未来可能会是业内最优秀的那批人之一，而发生在梅尔文资本的事情几乎可能发生在华尔街的任何人身上。据报道，由于肯自己的投资，城堡投资也在游戏驿站的惨败中有所亏损——毫无疑问轧空开始了。据称尽管肯没有像他的同僚、曾经的竞争对手和盖布的前任老板、对冲基金72点的史蒂夫·科恩那样公开数据，但他已经损失得够多了，如果不是因为这一年的新冠疫情，他可能会大发雷霆，甚至可能会把几个下属扔进火坑，或者把几个竞争对手的皮煮掉，把他们的股骨也弄到他的王座扶手上。

但在这个损失的时刻，也存在机会——即使这是一场针对华尔街的大屠杀，也仍可能留有一线希望。虽然盖布可能不会在美国消费者新闻与商业频道上承认这一点，但梅尔文资本受到了重创，处境危险，就像雷曼兄弟破产后的城堡投资一样。这意味着有间隙可以让一位慷慨的朋友或者几位朋友介入。

当然，还有更多的间接方式，比如像肯这样有权势的人，经营着像城堡投资这样有权势的公司，而城堡投资恰好位于散户交易的中心并且通过与"订单流支付"共生（实际上是在线券商的骨干），导致游戏驿站的轧空，肯就可以加入进来，扭转局势。但这是肯和城堡投资在任何情况下都不会做的事情，无论人们怎么想，无论是谁说的，无论有多少国会议员、互联网专家、红迪网用户、假新闻记者或纸上谈兵的华尔街爱好者提出这个想法——决不，决不，决不，决不，决不，决不，永远不会考虑，更不用说去践行这想法了。

拉斯维加斯的赌场并不像人们想象的那样经常作弊，原因很简单，他们不需要这么做。数学对他们来说是有利的。对于像城堡投资这样的公司来说是如此，对于整个华尔街来说也是如此。游戏的设置对他们有利，他们就不需要打破规则，因为规则是为他们设计的。

当然，盖布·普洛特金的梅尔文资本现在正面临困境，就像 2008 年的摩根士丹利一样。但这并没有让盖布失去小金人的地位——他还是一个赢家，而肯最喜欢的莫过于和赢家做生意了。他不能，也不会做任何不道德的事，永远不会让天平向华尔街倾斜，但他当然可以给梅尔文资本开一张支票。

毕竟肯很擅长开支票。例如，2019 年 1 月，他花了 2.38 亿美元在纽约市买了一套公寓，刷新了美国有史以来最昂贵的房屋纪录。他还在伦敦购买了一栋价值 1.22 亿美元的豪宅，在汉普顿买了一栋价值 1 亿美元的住宅，在海湖庄园附近买了一栋价值 1.3 亿美元的房产，距离棕榈滩的公司总部不远。他开出的慈善支票和他购买房屋的花费一样多。他向艺术和教育领域的慈善机构累计捐赠了近 7 亿美元，其中包括向芝加哥大学捐赠了 1.25 亿美元。他还在艺术品上花了不少钱，包括 1 亿美元购买巴斯奎特的作品，3 亿美元购买威廉·德·库宁的作品，6 000 万美元购买塞尚的作品，8 000 万美元购买贾斯珀·约翰斯的作品。谁也不知道他二婚时在凡尔赛宫举行的为期两天的婚礼以及在玛丽·安托瓦内特的私人村庄举行的招待会一共花了多少钱。肯还喜欢给政客们开支票,无论是右派还是左派,不过据报道他给右派开的支票更多一些。据称,他还花了一大笔钱将自己的照片从媒体和互联网上屏蔽掉,这也是人们很难确定他是否真的一边坐在由头骨制成的王座上,一边还在考虑给盖布·普洛特金的梅尔文资本开支票的部分原因。

肯并不是唯一参与交易的人。史蒂夫·科恩的可怕名声可以和肯媲美,他向梅尔文资本注资的 27.5 亿美元资金所占份额较小,借此获取该公司将来的"未披露股份"。据报道,肯和史蒂夫不是朋友,他们之间的竞争甚至曾被媒体报道,在科恩的 5 位投资组合经理跳槽到城堡投资后,科恩的反应很糟糕,拒绝与其中 1 位即将离职的经理握手。

但撇开竞争不谈,对肯来说,这显然是一笔很好的交易。也许,他的想法是,盖布是一个明星,毫无疑问,他会从"黑天鹅"事件中恢复过来,回到他惯常的操作,通过非常稳健的空头和多头交易赚取巨额利润。有了额外的数十亿美元,梅尔文资本应该能够重新站起来。肯的投资会得到非常丰厚的回报。

毫无疑问,这样的"救市"——尽管普洛特金会强烈反对这样的说法——会让红迪网、推特和主流媒体上越来越多的人认为,一些肮脏的事情正在发生,华尔街金融巨头会通过裙带关系和徇私舞弊想方设法阻止 WSB 论坛的反抗。但是肯·格里芬并不害怕红迪网和推特。虽然这个故事读起来有点像千禧年版的法国大革命，但攻占巴士底狱是一回事，席卷华尔街又是另一回事。肯对玛丽·安托瓦内特了如指掌——毕竟他是在她的私人村庄里结婚的。无论她的生活方式有多么奢侈，但她从来没有管理过 300 亿美元的资产。

像肯这样有权势的人不会为了得到他们想要的东西而违反规则。因为，就像拉斯维加斯的赌场一样，他们不需要这么做。正如 2008 年金融危机教给他的那样，规则不是用来保护人民的，而是用来保护体系的。红迪网的网民认为这意味着唯一的获胜方式就是试图摧毁这个体系。他们没有意识到，事实上有一条更简单的胜利之路。

不是摧毁这个体系——而是变成这个体系。

一旦你成为体系，规则就会保护你。

第 20 章
跟风而入买在高点

本·梅兹里奇
著

2021 年 1 月 27 日

上午 10 点。

开盘 30 分钟后。

游戏驿站股价：令人咋舌的 354.83 美元。

萨拉一边心不在焉地用手指在笔记本电脑的屏幕上划来划去，一边心想：这需要两千年的科学进步和一点小小的启示，也许专家们弄错了，也许地球真的是平的。

她的指甲在屏幕上十几个两英寸左右的方块上跳动，随意地重新排列它们。每个方块里都有一个女人，捕捉的是她们生命中一个微小的、五颜六色的片段。萨拉看到了厨房、起居室和户外露台，有一次还看到了一辆汽车的座位前排，那是一辆中等大小、很难看的车，很可能是美国货。

女人们都面带微笑，神情不安，不仅因为这是她们第一次以这种不正常且非人道的方式见面，还因为她们都在分享一个本不应该这样呈现的时刻。这是一个三维的瞬间，本不应该被一个如此令人痛苦的一维技术所捕捉。

"那么，我们来谈谈母乳喂养吧。"主持人的声音从屏幕的中心的方块里发出来，那个方块的色彩特别鲜艳，因为她选择了一个背景，而不是房间的实景，那是一个阳台，俯瞰着一座分层的欧洲城市，即使萨拉全神贯注，她也说不出这个城市的名字。"和大多数其他事情一样，没有错误的答案。"

萨拉非常确定有很多错误的答案。十几名孕妇坐在客厅里，一边吃着手指三明治，一边喝着巴黎水（一种产于法国的天然有气矿泉水），分享着恐惧、希望和惊喜，这是一种自我限制。这些妇女加入 Zoom 视频软件聊天室——一旦不安的情绪散去，没有实际的人际交往方面的筛选——交流时就可以畅所欲言。

即便如此，萨拉也知道她这样说是不公平的。她从几天前就一直期待着这次派对。在今天之前，她只在红迪网上一个为第一次做母亲的人设立的孕妇论坛上看到过她们的网名，她很高兴能把这些名字和人对应起来。

萨拉报名的时候没有想到会有更紧急的事情吸引她的注意。她觉得应该关掉 Zoom 视频，但她知道丈夫下班回家时会问关于

Zoom 派对的事，对他们的婚姻来说，现在哪怕是小小的善意谎言都为时过早。

但她也还没准备好告诉他真相。

她的目光从笔记本电脑屏幕转移到手机上，手机就放在离凳子几英尺远的厨房柜台上。人造大理石的柜台一尘不染，是介于"中岛"和不那么花哨的"吧台"之间的一片闪闪发光的区域。柜台所在的厨房不是特别大，也不是很现代，但光线能透过水槽上方的超大玻璃窗户射进来，而且萨拉总把这里打扫得一尘不染。当然，在美容店打扫了一天后，回到家里又要用扫帚打扫，这真的很烦人，但她的丈夫下班比她晚得多，而且萨拉喜欢洁净有条理的房间。

此时此刻，她正被手机上更让人惊讶的混乱局面吸引着。

15 个小时前埃隆·马斯克在推特上发布了疯狂的推文——游戏驿站挺住！此后，WSB 论坛就炸开了锅，而游戏驿站股价也一路飙升。尽管萨拉仍然没有持有任何股份，但她几乎无法安睡。丈夫一昏睡过去，她就开始浏览论坛，不分昼夜地持续关注。

马斯克的推文会让论坛陷入疯狂，这并不令人惊讶。不仅因为他把推送给 4 200 万粉丝的推文链接到了 WSB 论坛，还因为对于红迪网的暴徒而言，他已经是一个标志性人物，他们因为他的成功事迹、反主流态度和颠覆性沟通风格而崇拜他。他们中的许多人相信马斯克真的是他们中的一员，一个"孤独症患者""人猿""弱智"。当然,马斯克也知道与华尔街的空头对战并获胜是什么感觉。

从马斯克发布推特推文的那一刻起,游戏驿站就没有平静过。当萨拉看到股票开盘价超过 350 美元时,她的 Zoom 派对已经快要开始了,她立即回到 WSB 论坛,关注着事态的发展。美国消费者新闻与商业频道和其他金融网站的受众是那些在办公桌前工作、打着领带或穿着商务套装的人,像萨拉这样的人则通过社交媒体从别的像她这样的人那里获得新闻。

帖子更新太快了,很难跟上。他们背后的情绪非常明显,不再像潜台词那样含蓄。革命正发展得如火如荼。

一位自称为 HoosierProud 的用户写道:

我持有的股票现在价值 5 位数。即使它崩溃了,我只能赚 100 美元,我也会很高兴,因为我知道我帮忙打倒了这些浑蛋。毫无疑问,他们罪有应得。新冠疫情期间,他们都在欺压一家苦苦挣扎的公司,压低股价,试图让游戏驿站破产,而他们却赚取数十亿美元。去他们的吧。

另一个自称 HerculesxMulligan 的人写道:

这些对冲基金就是不明白。他们发布的每一段抨击社交媒体和红迪网的视频和推特,都在把坑挖得更深。这将从根本上永久地改变股票交易的方式。如果他们认为自己的损失会止于游戏驿站，那他们就大错特错了。

还有 Flyingrubberduck：

周五空头期权到期时，游戏驿站的股价将达到 1 000 美元！我们必须榨干卖空的对冲基金，把财富重新分配给我们这些普通人！我们把特斯拉的价格提高到 2 700 美元，证明世界错了！有了埃隆·马斯克和贝莱德，我们将击败那 1% 的人！

来自 Xeronlaw 的另一条评论，正中靶心：

哦！我明确意识到自己最终可能会成为一个套牢者。但是，为了打击那些长期以来以我们的利益为代价操纵系统的华尔街浑蛋，做一个套牢者是值得的。

现在，毫无疑问，这场运动已经远远超出了 DFV 和他的"YOLO"冒险理念帖子的范围。萨拉不知道确切的数字，但她看到 WSB 论坛在过去的 12 个小时里就增加了数百万名新成员，一个月内，这个论坛的会员人数将会超过 900 万。此外，论坛中一个活跃的群体也在社交网络 Discord 上大肆宣传游戏驿站，把矛头指向梅尔文资本和其他华尔街空头,并对本周可能发生的事情提出了数十种理论、阴谋和其他观点。

最疯狂的是,到目前为止,"弱智"和"人猿"所说的将要发生的一切,实际上都发生了。从积极的方面看,轧空显然已经出现,梅尔文资本、香橼等公司已经或正在争先恐后地补仓。从消极的方面看,有一种明显的感觉是,保守的商业媒体正在编造针对红迪网的故事,一遍又一遍地质问他们的行为是否合法,或者是否存在某种串通,甚至是抬价抛售。论坛中的许多人不断预警政府或将采取行动——认为迟早会有有权势的人介入,试图通过有关散户交易的立法。这种明显的感觉就是华尔街不能让这种情况继续下去,而政府在某种程度上只是华尔街的延伸。

萨拉不知道这些是不是真的。但对冲基金显然已经慌乱起来了。红迪网社区的所有成员似乎都比以往任何时候更加坚定。

几乎是无意中,她发现自己从WSB论坛切换到了罗宾汉应用程序。片刻之后,她看到游戏驿站上标着一个惊人的价格,在它下面有一个奇妙的绿色箭头指向上方,再往下是一个更绿的图表,就像被森林覆盖的山脉。当天的交易量非常大,而且每分钟都在上升。在交易量的右边,她发现自己正注视着那诱人的交易按钮。她需要做的就是按下它,然后她就会成为整个行动的一部分。

萨拉知道自己已经错过了太多,等待了太久。但她迟到点又有什么损失呢?如果"弱智"和"人猿"继续保持正确,举起他们的"钻石手",股价可能会越涨越高。就算华尔街真的想出了反击的办法,就算政府介入,就算萨拉失败了,至少她还可以说,她是伟大事业的一分子,是小人物对抗精英的一部分。新冠疫情时期很多人离世、更多人失去了工作,大亨们却靠着疫情发家致富。她要和他们对抗到底。

萨拉真的很想参与进来。这是她的事,她一个人的事。她可以继续保守这个秘密,直到有一天,当她的儿子或女儿长大后,她可以告诉孩子。他们可以一起嘲笑那些可笑的模因表情包,也许萨拉可以向她的孩子展示,曾经有这么一次,这些小人物如何团结在一起并取得了最后的胜利。

她的罗宾汉账户里没有太多钱,鉴于目前的股价快速上涨,她只能买得起一小部分股票。但是,这仍然是一件好事。

她用手指按下了那个交易按钮,现在已经完全忘记了屏幕上一个个方框里的准妈妈。几秒钟后,她的屏幕上的罗宾汉程序要求她在交易对话框里输入一个美元金额。她一个接一个地按下数字,呼吸急促、喘着粗气。

10 股,目标价 354 美元。总共 3 540 美元。

查看金额并发送了订单后,她开始颤抖——也许只是她的手机在抖。五彩纸屑是一个很好的额外装饰,但萨拉已经感知到了兴奋的感觉正沿着她的脊柱流动。

她终于加入了游戏。

第 21 章
华尔街的反击

请不要回复这封邮件。只需阅读它。

不要出售任何东西。如果你碰我账户里的任何东西，我很可能会得动脉瘤而死。就算我赚了 1 000 万美元，也别碰我的账户。即使账上少了 5 万美元，也别碰它。得失都是我自己的事。我只是想说，因为事情会变得很疯狂，这时，你会做一些鲁莽的事情。如果你动了我的账户，你就欠我 10 倍我错过的任何收益。这种措辞虽然很极端，却是必要的，因为考虑到你过去有未经调查研究就冲动卖出的习惯，而且我担心你会这样处理我将要赚到的那一大笔钱。

请不要回复此电子邮件……我坚决不卖。如果你回复，我会更加分心，而我根本不想这样。

我非常爱你。我也爱钱。但我更爱你。我只是在涉及这一点时变得很强硬,因为事情在情感上很难处理,我需要百分百的支持,没有人妨碍我。我不担心账面利润一天减少10万美元。但是如果有人来烦我或试图帮我卖掉,我就会感到压力很大而且很恼火。

请不要回复此电子邮件

爱你的,
杰里米

杰里米整个身体都在颤抖,他蜷缩在通往公寓四楼的狭窄楼梯最高的台阶上,双手捧着他的笔记本电脑,一遍又一遍地阅读他刚刚发送的电子邮件,这封邮件被置顶在屏幕上方。他在按下发送键的那一刻就后悔了,他把自己严厉的措辞和提出的强烈要求部分归咎于睡眠不足,因为他已经连续两个晚上辗转难眠,断断续续地查看WSB论坛、Discord网站,以及他的交易账户,以便获取收盘后的新闻和动态。然而在内心深处,他知道除了筋疲力竭,甚至所感受到的恐慌感,还有更多的事情在发生,他担心父亲可能真的会操控他的账户并卖掉他的游戏驿站股票。

杰里米一生中曾多次与焦虑问题做斗争,而且不止一次以失败告终。大二伊始,他甚至不得不以休学的方式来集中精力,至今他仍然清楚地记得当时情况有多糟糕:心悸、失眠、头痛、脑雾。他现在浑身发抖，但当时的颤抖已经严重到了无法滚动鼠标浏览 WSB 论坛的地步。两年前是大学的压力和社交焦虑把他击垮的，这些是大多数大学生都经历过的正常烦恼，但由于性格或大脑化学构造的一些扭曲，或者由于一些童年创伤，又或者他推测，父亲的癌症也是一个潜在的诱因，总之，对他来说事情可能会更加严重。有时候，他自己的情绪状态让他觉得自己好像在玩一个小时候风靡一时的老式飞行模拟器游戏：一旦飞机开始旋转，在落地之前展平机翼将是很困难的事。

这次不一样，焦虑不是困难、社交障碍、个人创伤或事情出错引起的。他整个身体都感到紧张的原因是，事情进展得太顺利了。

他上次查看游戏驿站的时间大约是中午，当时股价徘徊在每股 380 美元左右。也就是说，那一刻他罗宾汉账户里的游戏驿站股票价值超过了 13 万美元。

对他这个年纪的人来说，这是一笔巨大的财富。他把教材费变成了一笔足以改变生活的储蓄，他本应该在公寓大楼外的游泳池边跳舞，播放日本的电子流行音乐直到 11 点。事实上，他正准备开始庆祝，就在他把伊藤香奈子的音乐接通并准备好的时候，他收到了父亲的短信。显然，他的父亲在前一天卖掉了他所有的 1 000 股股票，而当时股价已经涨到了 100 美元。

在一个比较平静的时刻，杰里米可能已经明白，父亲所做的

第 21 章 华尔街的反击　　203

事情实际上是有道理的。他的父亲以每股 17 美元左右的价格购买了这只股票，与杰里米买进的价格差不多，一共花了 17 000 美元，现在以 10 万美元的价格卖出。这是一次令人难以置信的胜利，任何投资者都应该为 6 倍的回报感到高兴。但对杰里米来说，这似乎不是一种谨慎的止盈，更像是背叛。父亲不只背叛了杰里米，还背叛了整个运动。他已经尽可能地向父亲解释了这件事，他们正在与华尔街进行一场斗争，他们能真正获胜的唯一途径就是持有股票。一旦"钻石手"开始变弱，它就会全部倒塌，然后崩溃。

他的父亲显然不理解这一点。对他来说，这只是又一次股票交易而已。他们很幸运，现在是时候获利了。此外，杰里米担心他的父亲可能会采取比卖掉自己的股票更严重的行动。如果他认为杰里米很愚蠢，而且正在失去控制——他可能就会介入。在杰里米大二休学时，他的父亲就接管了他的银行账户，因为杰里米已经没有能力处理诸如房租、学生贷款和学费等事宜。这意味着他的父亲显然有能力再次接管他的银行账户。

在他大脑的理性部分，杰里米知道自己是个偏执狂。收到短信后，他立即打电话给父亲，要他做出解释。父亲告诉他，他是在看美国消费者新闻与商业频道的时候卖出的股票。在观看该频道的一次采访时，他的父亲相信梅尔文资本已经完全补上了其空头头寸，这意味着轧空可能会像猛然开始一样迅速结束。杰里米真的对他大喊大叫了，WSB 论坛里没有人相信这个采访中透露出的消息是真的。空头净额仍然是个天文数字，而梅尔文资本必须拿出的资金数额也同样高得惊人。这是一场战争，就连美国消费者新闻与商业频道都被当作了武器。

由于提早卖出，他的父亲损失了几十万美元。更重要的是，他表现出了软弱和屈服，把自己的股票交给了空头，让他们免于破产。

杰里米挂断电话的那一刻感觉很糟糕——他说了很多脏话，用前所未有的方式和他父亲说话，他知道父亲对于这笔交易很后悔，或者至少对没能再等一天而错失更多的财富感到后悔。此外，他的父亲也为食言向杰里米道歉，他当初买股票时许下承诺，在杰里米卖出之前他绝不会卖。但是杰里米还是无法忽视自己的愤怒和恐惧。即使它主要出现在你自己的脑海里，战争的迷雾也依旧很可怕。

杰里米合上笔记本电脑，再次走上台阶，向他最好的朋友卡尔的公寓走去。当天下午的学习小组，他已经迟到了。他盯着刚发送给父亲的那封电子邮件，但这既不能帮助他稳定机翼，也不能让他离飞机着陆更进一步。

相反，他在脑海里制订了一个计划。他要去参加学习小组，他要尽最大努力不去查看股票价格，也不去想游戏驿站。他已经取消了当天早上对该股票设定的卖出上限，那是一个"天上掉馅饼"的价格，完全异想天开的 5 000 美元，现在他的目标是一整年都持有自己的每一股股票。

那天，他在 WSB 论坛上浏览了很多帖子，不止一次看了 DFV 最新的"YOLO"更新。DFV 的账户已经成了传奇：截至前一天 1 月 26 日收盘时，他的股票和期权加起来已超过了 2 200 万美元。就在今天，此时此刻，杰里米估算，它们的价值会接近 5 000 万美元。这是一笔真正的财富——然而 DFV 并没有出售。

如果 DFV 没有出售，那么对杰里米来说就已经足够好了。

***

"好的，让我们从向量 1-0-1 开始，然后加上——杰米里？你还在听吗？"

两个小时后，杰里米在听到自己的名字时抬起头来——正好看到玉米饼片向他的头飞来。玉米饼片正中了他的眉心，从他的额头又弹到了长绒地毯上，长绒地毯的长度和小客厅一样，杰里米正盘腿坐在一堆线性代数书的前方。就在他对面，卡尔像个笨蛋一样咧着嘴笑，他的手放在一个装满了更多可食用的三角形弹丸（玉米饼片）的碗里，他瘦长的身体坐在一张超大的豆袋椅上。卡尔的女朋友乔西坐在他旁边，穿着一袭花哨的裙子，这在 1 月份显得不太合时宜，但这让她和卡尔的公寓变得明亮起来，因为他们拥有的大部分其他东西，从豆袋椅到地毯，到靠墙的一张沙发，再到覆盖在通往他们阳台的滑动玻璃门上的大部分窗帘，都被装饰成了深浅不一的灰色。

杰里米不明白为什么他的朋友们这么喜欢暗淡的颜色；他们两个是他见过最活泼、最善良的人，显然他们是相爱的，并打算共度一生，而且两个人通常都表现得精力充沛。卡尔在高中时就很擅长摔跤，他们两人平时都喜欢瑜伽，除此之外，他俩还都痴迷于与健身有关的一切。他们的卧室和衣柜里装满了健身器材：拉伸垫、瑜伽球、自由重量器械和张力带——几乎包括所有能让你更强壮、更苗条或更紧实的东西。不过，卡尔的公寓里唯一的亮点还是乔西的裙子，以及卡尔的玉米饼片旁边那碗自制的辣番茄酱。

即使是坐在乔西左边小豆袋椅上的迈克尔，也穿着深色的运动服——裤子和配套的连帽衫，虽然不是纯正的灰色，但也算得上是深绿色。不过对迈克尔来说，这种单调的外观也说得通。尽管杰里米和这个头发蓬乱、永远不剃胡子、兼修数学和心理学专业的同学关系密切，但迈克尔的个性可能就像卡尔用玉米饼片砸向杰里米时正在解决的线性代数问题一样闪闪发光。

然而，杰里米并不能确定这个特定的线性代数问题有多无聊，尽管从整体上看，这就像是在各种灰色地带之间进行选择：杰里米就是数学专业的，甚至连他也认为大部分线性代数都很无聊。但此时此刻，就算卡尔亮出机械化超级机器人的合影集，杰里米可能还是会心不在焉。

看到朋友们忧心忡忡的表情,杰里米意识到他错误地以为自己可以在没有人注意到他的状态的情况下完成课程学习。在他们开始之前的小范围谈话中,他喃喃自语,几乎没有什么贡献。事实上,他偶尔插话,把数学问题都答错了,犯了迈克尔在睡梦中都不会出现的错误。

不仅仅是在学习小组。这几天,杰里米在所有课上都遇到了麻烦。他没有按时交任何统计作业,还完全错过了心理学的两次Zoom在线课程。随着冬季考试的临近,他落后的课业越来越多了,他知道自己正在走向灾难。如果这种情况继续下去,如果他的精神状态变得更糟糕,那他就真的要挂科了。

"你们关注游戏驿站了吗?"

杰里米的眼睛睁得大大的,他的思绪突然集中起来,就像百叶窗被掀开一样。当卡尔在庆祝他完美的玉米饼片瞄准时,迈克尔拿出了手机,阅读新闻头条来打发时间。

"显然,埃隆·马斯克昨晚在推特上发布了一些关于此事的消息。这些人都像疯了一样。我的意思是,游戏驿站?它现在是一家价值250亿美元的公司,几乎和克莱斯勒汽车公司差不多了。这一切都是因为一个红迪网上的论坛。"

杰里米张了张嘴,然后又停住了。迈克尔知道游戏驿站并不奇怪,任何看电视、读报纸或打开推特的人现在都知道游戏驿站。到处都在谈论这件事,它甚至还出现在深夜脱口秀主持人的独白中。然而对杰里米来说，这感觉很奇怪，他的精神世界与现实世界正在发生碰撞。

然而，这两个世界都让人感觉不真实：在一个新冠疫情的"泡泡"里，3个人被一个荒谬的"黑天鹅"事件推到一起，谈论第二个同样不太可能发生的"黑天鹅"事件——

"但我认为另一只靴子即将落地，"迈克尔补充道，"而且情况不会很好。"

"什么意思？"杰里米问。

乔西和卡尔盯着他看，可能是因为他说话的语气。但杰里米的注意力仍然集中在迈克尔身上，而迈克尔仍在看他的手机。

"他们刚刚关闭了Discord网站上的WSB论坛服务器。彻底关掉了，我想是永远结束了。"

"什么？"杰里米感到自己的脸颊越来越热，"是谁干的？"

迈克尔耸耸肩。

"这里说公司因为仇恨言论而禁止了它。"

"仇恨言论？"乔西问道，"他们恨谁？"

"'WSB论坛服务器已经被我们的信任与安全团队密切监视了一段时间，因为它偶尔会发布违反我们社区准则的内容，包括仇恨言论、美化暴力和传播错误信息。'听起来不错！'今天，我们决定从Discord中删除服务器及其所有者——'"

"这太疯狂了，"杰里米说，"他们可以这么做吗？为什么是现在？"

"情况变得更糟了，"迈克尔说，"看来 WSB 论坛也被冻结了。这里说，该网站将暂时关闭——不再对新用户开放。"

"为什么？"杰里米说着，急忙从口袋里掏出自己的手机。

"他们说有太多的人同时加入。比如，在过去的一天里，有 300 万新用户——"

杰里米在浏览网站，几乎没在听。他仍然可以访问，因为他是现有会员，但迈克尔是对的——WSB 论坛暂时关闭了。

"我觉得很可疑。"迈克尔说。他几乎要咧嘴笑了。

但杰里米一点也不觉得这有什么好笑的。随着 Discord 的消失，WSB 论坛也被管制了。

"Discord 因为不当言论而被关闭——现在？"迈克尔说，"在股票飞涨的时候？为什么不是一周前？或者一个月前？然后 WSB 论坛就消失了？对我来说这听起来不是巧合。更像是先发制人。"

杰里米看着他。

"事实上，这是一个相当常见的策略，"卡尔说，"我的意思是，在战争中你破坏了敌人的通信，他们无法沟通，也无法组织起来，那时你就能真正打击他们了。"

杰里米一言不发地从地毯上站起来，朝门口走去。其他人都盯着他，过了一会儿，乔西也跟了上去。

"你还好吗？你想和我们聊聊吗？"

杰里米不知道该说什么。Discord 消失了，WSB 论坛一片黑暗——他不相信阴谋，但时机似乎相当可疑。毫无疑问，一段时间以来，Discord 网站一直收到有关"仇恨言论"（或者他们想怎么说都行）的投诉。当然，WSB 论坛从一开始就一直在处理令人不快的言论。可以肯定的是，有数以百万计的人正在注册账号——但红迪网是一个巨大的网站，有数以亿计的用户。为什么 WSB 论坛处理不了几百万个账号？这是一场更大范围关闭的前奏吗？这是否预示着整个 WSB 论坛子版块都要关闭？

这真的与强大的华尔街对冲基金以及他们为阻止轧空所做的努力有关吗？这真的是一场先发制人的打击吗？

华尔街很强大。像梅尔文资本和城堡投资这样的公司拥有数十亿美元的资金。杰里米和他的伙伴很弱小，跟梅尔文资本比起来就像蚂蚁一样。但是有数以百万计的蚂蚁，一个名副其实的蚂蚁海洋，这么多的蚂蚁联合起来几乎可以推翻任何东西。

但是，如果他们不能沟通，不能团结起来——

如果真的是先发制人呢？如果你是华尔街，你刚刚发动了第一次打击，接下来你会怎么做？杰里米不需要把这个想法说完，因为刚刚卡尔已经替他说完了。

那才是你真正打击他们的时候。

狠狠地打击他们。

第 22 章
背叛用户的罗宾汉

2021 年 1 月 28 日

凌晨 5 点多一点儿。

弗拉德·特内夫被一连串令人恐慌的信息提醒惊醒。他的手机在床边的桌子上振动闪烁,他的笔记本电脑在接收到一封又一封急促的电子邮件时,疯狂地发出"嘀嘀"的声音;甚至他在加利福尼亚州杂乱的家中丢在某个地方的固定电话也在响。

弗拉德揉了揉眼睛,赶走最后一丝睡意。他不记得自己梦到了什么,毫无疑问,这个梦与金融民主化和公平竞争的环境有关,或者可能与可再生能源、健康饮用水、最低生活工资有关,但也有可能和猫有关,甚至可能涉及游戏驿站,因为他前一天晚上睡觉的时候,所有人都在谈论游戏驿站。

他在床上翻了个身，先伸手去拿电话，希望在吵醒妻子和蹒跚学步的孩子之前平息电子设备的猛烈攻击。他把每天早上为刚组建不久的小家腾出几个小时作为人生的使命，但经营一家快速发展的公司意味着他不能完全与外界隔绝。如果说罗宾汉的迅速崛起教会了他什么，那就是糟糕的事情总以迅雷不及掩耳之势发生。从闭上眼，到再次睁开，你永远不知道会发生多少变化。

即便如此，弗拉德看到手机屏幕上的消息时还是大吃一惊——这条消息来自奥兰多，而不是其他地方。在他意识到这一点之前，他已经从床上爬起来，穿过地毯奔向了电脑。

从这些消息和电子邮件中，可以很快跳转到 Google Hangout 程序，那里已经有一群最高级别员工在等着他。当然还有身在奥兰多的吉姆，以及一些来自清算、交易和法律部门的高管。吉姆是这次会议的主持，不仅因为他有专业知识可以理解此刻到底发生了什么，还因为他已经在脑海中模拟了好几个小时该如何应对这场灾难。

3 个多小时前，吉姆在东部时间早上 5 点 50 分接到财务主管的第一个电话——这本身就很奇怪。通常情况下，吉姆会在每天早上 5 点 30 分收到关于资金需求的简报。全美证券清算公司（NSCC，是美国证券存托与清算公司的一个分支部门，负责监督罗宾汉的交易以及每笔散户交易之间为期两天的清算过程）每天东部时间 5 点 11 分都会准时发送信息。当电话迟到 20 分钟时，吉姆怀疑是不是出了什么问题；但他想不到是这么一件难以想象的事情，以至于他的团队额外花了一点时间试图弄清楚这到底是真的，还是软件驱动的错误。

即使他们花了 20 分钟的时间打电话确认了清算机构发送的数字是否正确，吉姆还是让他们回去再检查一次。然后，他自己打电话，与全美证券清算公司的联络人交谈，只有在他一次又一次确认了数字后，他才联系了门洛帕克这边。

弗拉德盯着现在占据他电脑屏幕一部分的数字，然后摇了摇头。

37 亿美元。

"这不可能是真的。"会议上的一个人说，把他们还在想的话说了出来。

但是数字已经被反复核对过。一夜之间，全美证券清算公司请求——不，是要求其交纳 37 亿美元来满足通过罗宾汉经纪账户进行的当前交易所应达到的资本要求。

弗拉德试图让自己冷静下来，他在思考这个数字的含义，以及全美证券清算公司到底是怎么算出这样一个数字的。到目前为止，虽然学习曲线陡峭，但他相当精通清算工作的基本原理：当罗宾汉用户以特定价格购买其平台上的股票时，例如游戏驿站，订单会先发送给罗宾汉的内部清算经纪业务部门，后者反过来将交易打包给做市商执行"订单流支付"。随后交易被送到清算所，清算所全程监督交易过程直至结算。

在此期间，交易过程本身需要上"保险"以防任何可能出现的错误，例如某种系统性崩溃或任何一方违约——尽管在现实中，在受到监管的市场中这似乎是不可能发生的事情。虽然用户的钱被暂时存放在一个无法动用的保险箱里，但是清算机构需要用两天时间来核实双方是否能够提供他们所约定的内容——经纪公司罗宾汉必须交纳一笔存款保证金来保证这笔交易；它的自有资金需要与用户提供的资金分开，可以用来保证交易的价值。用金融术语来说，这种"抵押品"被称为VAR——或者风险价值。

对于一项简单资产的单笔交易而言，经纪公司知道需要存入多少保证金来确保这种错误情况不会发生，本来是相对容易的；出错的风险概率很小，其总价值也很好计算。如果游戏驿站股票的交易价格为每股400美元，而用户想要买10股，则会有4 000美元的风险，加上或减去由于结算前两天市场波动的微小变化而产生的少量金额。在这样一种简单的情况下，罗宾汉可能会被要求提供4 000美元和零头——用户购买订单的4 000美元除外，该订单仍然被锁在保险箱里。

随着交易情况的层层叠加，保证金要求的计算公式将变得更加复杂。单笔交易固有风险比较低，但在数以百万计的交易中，风险状况开始发生变化。股票价格和/或交易量越不稳定，买入或卖出的风险就越大。

第22章 背叛用户的罗宾汉　　215

当然，全美证券清算公司并不是手工计算的。他们使用复杂的算法来消化交易中的大量输入信息，包括股票交易类型、交易量和当前的波动率，这场交易作为一个整体适合投入经纪公司的哪个投资组合，并给出一个"建议"——说明什么样的保证金可以保护这场交易。这个过程是完全自动化的，经纪公司将通过联邦清算系统持续进行交易活动，并在开盘时每隔15分钟接收一次更新过的保证金要求。在交易周开盘前，这个数字会在东部时间上午5点11分出现，这时通常正好是身处奥兰多的吉姆喝完晨间咖啡的时候。罗宾汉将在上午10点之前满足即将到来的交易日的保证金要求，否则将面临违约的风险，这可能会导致应用程序的所有在线业务被立即关闭。

通常，保证金要求与交易"花费"的实际美元金额密切相关，在一家经纪公司的交易模式中，买入和卖出的数量几乎相等，这降低了其整体风险。尽管波动性很常见，尤其是在过去5年里，但即使是两天的结算期，也有一种让人可以接受的信心，即没有人会无法完成交易。

在这方面，过去的一周里，即使是被称为"模因"的股票也出现了惊人的交易量，尤其是游戏驿站股票——罗宾汉的保证金要求一直都很高，但这是可以理解的。1月25日当天，开盘时的保证金要求金额是1.25亿美元。到26日，随着游戏驿站股票的交易量激增和价格飙升，罗宾汉的保证金要求已上升到了2.91

亿美元——这是一个很庞大的数字，超过了他们以前见过的所有数字，但仍然在可控范围内。即便在埃隆·马斯克发了推文之后，交易量立刻剧增，价格随即波动，全美证券清算公司也还是把对罗宾汉的保证金要求降到了 2.82 亿美元。

弗拉德现在看到的数字——37 亿美元，比 24 小时前的保证金要求高出了一个数量级。这看起来大得惊人。

当这个数字第一次出现的时候，吉姆刚从震惊中恢复过来，就开始深入研究全美证券清算公司是如何得出如此骇人听闻的数字的。他通过电话与该机构的联络人取得联系后，立刻就将要价分为两部分。全美证券清算公司的算法将前一天交易量和波动率的所有风险考虑在内，得出了 13 亿美元的风险价值，并在此基础上增加了 22 亿美元的超额资本溢价费用。之所以增加这一额外费用，是因为最初的风险价值费用远远超过了罗宾汉的净资本，因此最初的金额要求才会这么大，以至于罗宾汉手头没有足够的现金，这就导致了一种乘数效应，即需要额外的费用来保障罗宾汉无法付钱的风险。目前，罗宾汉在全美证券清算公司有近 7 亿美元的保证金，还需要大约 30 亿美元的资金。

从逻辑上讲，弗拉德可以理解为什么全美证券清算公司的计算机自动清算系统会计算出如此巨额的保证金要求，因为散户交易的交易量出现了前所未有的波动，而且几乎都是买方交易。卖出交易无法抵消部分风险，由于游戏驿站股票本身就是一种具有内在风险的股票，拥有如此巨大的空头净额，所以使整体风险以指数级的速度增长。

但弗拉德从未见过或想象过这样的事情。相比之下，之前全美证券清算公司对罗宾汉最大的一笔超额资本溢价费用要求也不过才 2 500 万美元。而现在，全美证券清算公司竟要求在其 13 亿美元的风险价值基础上再追加 22 亿美元。

一旦吉姆确认这些数字没有错误，这些要价是真实的，而且他们只能在上午 10 点前交纳这笔不合理的保证金，那问题很快就会变成——他们能做些什么？

首先也是最重要的一点是，不管事后有人怎么想，在推特、红迪网或 Clubhouse（音频社交软件）上怎么说，怎么发表评论，弗拉德都认为自己的主要责任是维护使用罗宾汉应用程序的用户。基于这种想法，弗拉德认为，唯一不可能考虑的选择是拒不满足这些保证金要求，因为这可能导致罗宾汉应用程序关闭，也就意味着这些用户将无法购买或出售任何股票，更不用说游戏驿站股票了。

排除掉不支付保证金这个选项，下一个选择就是以某种方式降低保证金数额，至少降低到一个可以用罗宾汉现有的流动资金和信用额度来支付的美元金额范围内。要想做到这点，罗宾汉只有不到 5 个小时的时间，他们根本不可能在这么短的时间内筹集到 30 亿美元的资金。

但这并不意味着这种情况毫无希望。

过去几天,弗拉德和其他人一样,一直都在作为旁观者观看游戏驿站的戏剧性发展。不管他人事后说什么,他还是觉得自己在理念上和散户是一致的。他不是为对冲基金或华尔街精英打造的罗宾汉,他创建罗宾汉是为了让普通人可以有与对冲基金和华尔街精英竞争的权利。他做到了:据报道,罗宾汉的 2 000 万用户的平均年龄在 28~31 岁,他们的账户规模平均只有 3 500 美元。这与平均账户规模为 10 万美元的在线券商亿创理财形成了鲜明对比。罗宾汉的基本盘由普通人组成,他们坐在客厅和宿舍的沙发上,在吃剩的比萨和丢失的钥匙旁边的垫子之间寻找现金,并将这些钱投资于他们喜欢的"stonks",比如游戏驿站。

超级亿万富翁、电视明星马克·库班像前一天一样发了推特:"不得不说我喜欢 WSB 论坛正在发生的事情。多年来,高频交易者一直领先于散户交易者,如今,信息传播和散户交易的速度、密度让小人物占据了优势。就连我 11 岁的孩子也用它交易,并赚到了美元。"弗拉德看到这条推文时可能会和他们一起欢呼。弗拉德本人并不认识那位在红迪网上自称 DFV 的业余交易员,他在对一家公司进行了深入的研究后赚了一大笔钱,但恰恰是罗宾汉的创建实现了围绕 DFV 的成功展开的那些故事。

因此,在经历了大量的内心深处、深抵灵魂的痛苦煎熬,以及与全美证券清算公司代表一轮又一轮的讨论之后,弗拉德和他的团队才得出了他们认为唯一可行的结论——他们需要降低导致保证金要求过高的风险状况。为了做到这一点，他们将限制少数几只股票的交易——具体来说，他们将暂时不再允许任何罗宾汉用户购买游戏驿站或其他 13 种造成如此巨大破坏的模因股票。

这不是一个轻易就能做出的决定，但这是完全合法的——罗宾汉有权以各种理由限制任何股票的交易，而其他的在线经纪商也会因为那一周的市场情况而被迫采取类似的处理方式。对一只普通股限制买入而不是限制卖出，罗宾汉并没有觉得这样是在伤害用户的利益。交易员仍然可以卖出游戏驿站股票，只是不能买入而已。毕竟，如果无法以非常接近高点的价格购买股票，你怎么会赔钱呢？

关闭股票买入似乎是完美的解决方案，因为这将立即降低交易日会出现的风险状况，给全美证券清算公司的算法提供一个新的输入值。这个解决方法非常简单，实际上，只需要按下一个按钮就可以了——具体来说，就是弗拉德面前罗宾汉仪表盘上的那个按钮，它可以关闭交易，同时自动发送一封即时电子邮件通知用户。一个操作系统——好吧，也许应该被排除在外，但是它可以在几分钟内解决他们需要支付巨额保证金的问题。

事实就是如此，一旦决定关闭游戏驿站股票的买入，全美证券清算公司就反馈了更新的保证金要求。他们完全免除了 22 亿美元的超额资本溢价费用，并达成了总计约 14 亿美元的全额净保证金要求。罗宾汉立即在其存入的略低于7亿美元的保证金的基础上增加了7亿多美元资金，并满足了当天的所有要求。

　　弗拉德靠在电脑桌前，琢磨着他和他的团队刚刚做的事情，也许他还没有意识到接下来会发生什么。当然，阻止2 000万用户在特定时间购买游戏驿站股票也会产生一定的未知后果。但是，如果罗宾汉被迫关闭，后果难道不是更糟糕吗？到时候股价开始暴跌，它的2 000万用户同样也无法卖出他们的游戏驿站股票。

　　罗宾汉已经满足了保证金要求。尽管人们可能会质疑这种措辞，但它所采取的举措更多是考虑到合规性，而不是流动性。罗宾汉有足够的流动性。巨额保证金要求与保证金、杠杆或期权无关，因为随着时间的推移，罗宾汉已经限制了这些操作。"流动性"这个词实际上并不适用。这是记者用来指责公司的"陷阱"术语之一。你不能因为T+2清算变幻莫测，就把导致37亿美元保证金费用的"黑天鹅"事件归咎于罗宾汉。

　　你当然不能责怪弗拉德，也不能从一系列合乎逻辑的巧合事件中得出毫无根据的、疯狂的阴谋论。

　　梅尔文资本的空头头寸突然变成了轧空，因为WSB论坛的散户投资者把游戏驿站股票作为目标，不停地买入，造成了巨额的交易量和极大的价格波动。大部分的散户投资者都是通过罗宾汉购买游戏驿站股票的，但由于这样的市场波动，罗宾汉突然面临着巨额的保证金要求，于是被迫禁止用户买入游戏驿站股票。

的确，有人可能会说，这反过来会阻止游戏驿站的股价上涨，打破轧空，有可能让对冲基金有时间进行补仓。

而且，诚然，城堡投资现在拥有梅尔文资本的金融股份——该公司"碰巧"处理了罗宾汉的大部分交易，又"碰巧"通过其"订单流支付"机制提供了罗宾汉利润的最大份额。而城堡投资与那些空头的关系最为密切，并且刚刚与史蒂夫·科恩一起向梅尔资本文注入了 27.5 亿美元，帮助其摆脱了岌岌可危的财务状况。

而且，更不可思议的巧合是，所有这一切恰好发生在 Discord 网站和 WSB 论坛上关于游戏驿站的呼吁被暂时压制或削减之后。

但从弗拉德的角度来看，所有这些都是纯粹的间接证据。用户可能会不高兴，但不管他们怎么看，不管有多少巧合和阴谋论，罗宾汉所做的一切，都是为了他们好。

接下来，弗拉德的工作是确保这样的事情不再发生，而不是对阴谋论或不太可能的巧合发表高见。

第三部分

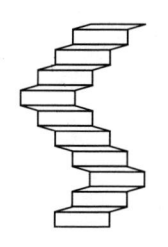

我不是猫咪。

——基思·吉尔

什么是退出策略?

——基思·吉尔

第 23 章
举国热议

2021 年 1 月 28 日

市场收盘前 3 分钟。

威尔明顿，马萨诸塞州。

告客户书

应对市场波动

罗宾汉公司的使命是为所有人实现金融民主化。我们自豪地创建了这样一个平台，以帮助来自各种背景的普通人打造他们的金融未来，并通过罗宾汉进行长期投资以获得收益。

我们持续监控市场，并在必要时做出改变。鉴于近期市场的波动性，我们将某些证券的交易限制为仅可持仓交割，包括AMC院线、黑莓、3B家居、EXPR（美国服装零售商）、游戏驿站、高斯电子、NAKD（一家主营贴身内衣、泳衣的服装公司）和诺基亚。我们还提高了某些证券的保证金要求……

基思·吉尔不知道自己为什么会仰面躺在地下室的地板上，盯着天花板，他的思绪像一阵狂风在脑海里旋转；但在经历过最疯狂的交易日——或许是华尔街历史上最疯狂的交易日之后，在这里度过这一天的最后几分钟似乎再合适不过了。

基思仍然无法完全理解他所目睹的一切。他知道在这件事上他不是一个人，并非孤军作战。他坐在办公桌旁，面对着电脑屏幕上的WSB论坛，该论坛版块再次公开，现在记录的基本都是火山爆发式的愤怒、阴谋论和绝望，大部分都是围绕着罗宾汉展开的，可以用基思那天早上浏览网站时偶然发现的一条推文来总结，这条推文是另一位优兔用户发布的，他的推特账号是@OMGitsBirdman：

一款名为"罗宾汉"的应用程序，从穷人那里偷钱，然后交给富人，这种事情编都编不出来。

基思读了罗宾汉博客上的帖子，并收到了他们的电子邮件——与其他拥有罗宾汉账户的人一样，尽管这可能是一个包含大量邮件列表的群发邮件，但这又似乎是直接针对他的。

我们正在限制某些证券的交易……

在基思看来，他们应该直接说出来。罗宾汉的数百万用户再也无法通过这个应用程序来购买游戏驿站股票，以及其他一堆模因股票——基本上都是梅尔文资本及其华尔街同行做空并试图补仓的股票。

不仅罗宾汉限制了对游戏驿站股票的买入，许多其他在线经纪公司，如在线券商亿创理财、盈透证券、微牛证券、德美利证券和嘉信理财，都制定了不同程度的限制——但它们有一个共同点，所有限制都直接针对同一类投资者：坐在沙发上和待在地下室的普通人。那些购买游戏驿站股票的人再也不能买入了。

作为一家经纪公司，我们有许多财务要求，包括美国证券交易委员会规定的净资本义务和清算所保证金。其中一些要求会随着市场的波动而波动，当前环境下的波动可能相当大。这些要求的存在是为了维护投资者利益和市场稳定……

在红迪网论坛和整个推特上，罗宾汉通过博客和电子邮件发表的声明，立刻引起了人们的怀疑。尽管他们试图把它伪装成一种冷淡的、不带感情的、完全可以接受的策略，但从表面上看，这种行为似乎企图直接扼杀正在发生的轧空。只有散户投资者被关闭了权限，只有游戏驿站股票的买入被关闭了；各种其他机构都可以自由地继续补仓，现在它们可以以一种受控的方式去补仓。没有了数百万红迪网用户买入的压力，如果空头继续回补，股价只会一直下跌。

基思实时目睹了发生的这一切。当日开盘前，游戏驿站股票曾突破每股500美元——WSB论坛的会员普遍预测的1 000美元疯狂目标价的一半——而且似乎势不可当。然后罗宾汉拔出了它的枪，这就像是对轧空的爆裂打击。股价暴跌超过40%，开盘价为每股265美元。从那时起，股价就像过山车一样——一度跌至112.25美元，然后在几分钟后艰难回升至193.60美元的收盘价。至于能否直接将轧空明显崩溃的原因，指向罗宾汉和其他在线券商，如果你对此有任何疑问，只需要查看日交易量就明白了。由于买方受到有效压制，股票交易量已降至前一天的近一半，与这周的周一和周二相比，成交量下降了2/3。

罗宾汉和其他券商已经开始表示，他们很快就会停止刹车；罗宾汉很快就会允许重新开始某种程度上的买入，因为它已经满足了资本要求。但是，限制措施仍将继续存在。罗宾汉的用户只能买入数量非常有限的游戏驿站股票，在一段时间内甚至只能购买一股，这确实让人觉得罗宾汉正在竭尽全力来结束这波止跌回升。

基思在地下室以一种奇怪的超然感冷眼旁观。他仍然很难把这一切都视为亲身参与的事情——更不用说负责任了。他喜欢把自己看成一个无辜的旁观者，他并不是第一个或唯一一个购买游戏驿站股票的人，但有些人可能会说，他发起的事情已经如滚雪球般演变成了一场运动。在他看来，他所做的一切只是试图通过自己在优兔上的视频和 WSB 论坛上的帖子来做科普。他自始至终都很诚实，从未建议任何人做任何事情，他总是明确表示，人们需要自己做研究，市场本身就是有风险的。

天啊，这会是一个史诗般的轻描淡写吗？他即将发布其"YOLO"式投资的更新，即使闭上眼睛，他也能看到他单日亏损的红光。昨天收盘时，他的账户价值超过 4 400 万美元；仅昨天一天，它就增加了超过 2 000 万美元。今天开盘前，它的账户价值已达到了远超过 5 000 万美元的高位。然后，当罗宾汉开始限制交易后，基思的个人交易账户金额在几分钟内就损失了近一半。即使是现在，他也没有从中恢复过来；他的最新消息显示，该交易账户的价值略高于 3 300 万美元，当天亏损近 1 500 万美元。

1 500 万美元消失了，就像一缕烟在狂风中消散了。但他仍然坐拥一大笔财富，这笔财富不仅可以改变他的生活状况，而且可能会影响下一代人。如果他管理得当，他孩子的孩子们的生活都将得到保障。他将能够实现童年时的梦想——在自己的家乡布罗克顿建一条室内跑道。

他知道许多 WSB 论坛成员的损失比他惨重得多。大多数人并不是以每股 5 美元的价格买入游戏驿站股票的，绝大多数人是在轧空开始时买入的，还有不少人在接近顶部时买入。他们在赔钱——这似乎极其不公平。

就连 WSB 论坛本身也在推特上表达了对事态发展的失望。那天早上，版主发布了一条推文：

个人投资者被剥夺了在罗宾汉上交易的权利。

与此同时，对冲基金和机构投资者却可以继续正常交易。

一个剥夺散户投资者购买能力以拯救机构投资者做空的市场，你将怎么称呼它？

很明显，愤怒不再局限于 WSB 论坛社群，而是已经在现实世界中爆发，并在主流社会中迅速蔓延。各种社交媒体充斥着谴责的声音，这似乎是 2008 年危机的重演——华尔街得救了，而大机构却利用他们的权力践踏小人物。但因为有了社交媒体，小人物现在也有了发言权，并且获得了很多支持者，不仅仅是优兔上的名人或神秘的亿万富翁，甚至还有政府高层成员。

《主板》（一个多平台多媒体出版物）是 Vice（北美一家数字媒体和广播公司）的科技时事通讯刊物，它发布了一条关于这一情况的推文。对此，民主党众议院议员亚历山德里娅·奥卡西奥-科尔特斯也在自己的推文中做出了回应：

这无法让人接受。罗宾汉不让散户投资者购买股票，却允许对冲基金自由交易它们认为合适的股票。我们现在需要更多地了解这一决定背后的原因。作为金融服务委员会的成员，如果有必要，我会支持举行听证会。

她的推文引发了参议员特德·克鲁兹罕见的表态：完全同意。

在美国消费者新闻与商业频道上，前总统候选人、马萨诸塞州参议员伊丽莎白·沃伦批评美国证券交易委员会没有介入："我们需要一个对市场操纵有明确的规则，并且有勇气介入并执行这些规则的美国证券交易委员会。"

众议院金融服务委员会主席、议员玛克辛·沃特斯则更快一步，他已经在呼吁就此事举行听证会了。国会听证会！这到底意味着什么？基思在报纸上读到了国会听证会的消息，他曾在新闻和网络上看到过听证会的片段。重要人物坐在被律师包围的长桌旁，轮流回答全国最有权势的人向他们提出的问题。他们怎么可能就当时所发生的事情举行听证会呢？他们能叫谁来做证呢？罗宾汉？当然，也许是梅尔文资本？还有谁？在红迪网子论坛上自称 buttplug59 的大学生吗？还是马克·库班 11 岁的儿子？或者那个留着胭脂鱼发型、戴着色彩鲜艳的头巾进行优兔直播的家伙？

很难想象这样一场听证会能有什么结果。如果听证会的目的是尝试预测正在发生的事情的不公平性，以及由此引发的愤怒，那么花几分钟时间关注一下巴斯托尔体育公司的大亨波特努瓦的推特消息可能会更简单。那天下午，波特努瓦新发布了一连串精神错乱的视频帖子，他似乎在继续扮演着为 WSB 论坛和红迪网人群发声的角色。视频中他穿着一件白色 T 恤，对着镜头大声咆哮，就像刚从精神病院逃出来一样。作为游戏驿站的股东，他从一开始就清楚地表明了自己的立场：

"华尔街上每一个参与今天这场罪行的人都要进监狱。"

从这句开始，他后面的话就更严重了：

"他们欺骗、盗窃、抢劫那些用罗宾汉和其他电子交易账户进行投资的普通人……说对冲基金和亿万富翁都受到了打击，所以我们不再允许你交易某些股票。我们要关闭它。你不能再买入这些股票了，你只能卖出它们。我们要让这些股票崩盘，这样我们所有的对冲基金和亿万富翁友人就可以脱身，而不会被击倒……这是历史上最引人注目、最非法、最令人震惊的抢劫案之一，就在众目睽睽之下……就对着你的脸，把枪放进你的嘴里……罗宾汉，骗子，进监狱！肯·格里芬，城堡投资，进监狱！史蒂夫·科恩，大都会棒球队老板，进监狱！"

"他们在抢劫！他们在偷你的东西！这是犯罪。"

当天晚些时候，当史蒂夫·科恩反对被列入波特努瓦的拙劣演员名单时，波特努瓦的怒吼实际上已经变成了一场闹剧。下午快两点的时候，科恩在推特上回应道：

嘿，大卫，你对我有什么不满？我只是和你一样想要谋生而已。我很乐意线下解决矛盾。

但是波特努瓦还不准备让步。他的回答非常迅速，满是错别字：

我不想线下解决。那就是发生可疑事件的地方。你和城堡投资救了梅尔翁，因为他就市你的兄弟。我认为你在今天的犯罪事件中有很强的影响力，以牺牲普通人的利益来挽救对冲基金。你是否明确否认这一点？

科恩的回答充满了惊愕，表达恰当且措辞严谨：

你在说什么？我明确否认这一指控。今天的事跟我一点关系都没有。顺便说一下，如果我想和某人进行额外投资，这是我的权利，前提是这符合我的投资者的最大利益。冷静一点。

到了下午 3 点 13 分，波特努瓦已经平静了下来，但他并没有放过科恩或其同党中的任何人：

顺便说一下，我根本不相信 @stevenacohen2。但我没办法证明什么。但根据我的经验，无风不起浪。

基思知道，波特努瓦说出了 WSB 论坛上每个人的想法。波特努瓦对游戏驿站的投资比他们中的大多数人都要大得多，但他的情绪可能来自数百万目睹股价暴跌的论坛成员："我将在这件事上损失 200 万美元。我不会卖。我要吃掉这 200 万美元。我会像吃蛋糕一样吃掉它。不卖，因为卖出是那些浑蛋想让我做的事。我不打算这么做。我宁愿破产……"

这是"钻石手"的咒语——但基思比任何人都更能理解，当对方似乎可以通过触摸一个按钮就能改变规则时，"坚定持有"（不管涨跌都稳稳地持有）就变得更加困难了。基思不会走到波特努瓦那样的地步，他并没有指责科恩，甚至也没有指责城堡投资，怪他们与罗宾汉的行为有什么关系，但这并不意味着波特努瓦是唯一一个认为有可疑之处的人。喧嚣声以及阴谋论甚嚣尘上，以至于城堡投资对美国消费者新闻与商业频道做出了真正合法化的回应：

"城堡证券没有指示或以其他方式导致任何经纪公司停止、暂停或限制交易，也没有以其他方式拒绝处理业务。城堡证券仍然专注于在所有市场条件下持续向我们的客户提供流动性。"

有些人正在观望市场的混乱局面，想知道为什么不能购买游戏驿站股票，而像梅尔文资本这样的对冲基金却仍然能够购买，城堡投资的话并不能打消他们的疑惑。罗宾汉不能轻率地做出这个决定，尽管他们在电子邮件和博客文章中表现得异常冷静。他们对自己的名誉造成了不可估量的损害，已经有成千上万的人在各种应用商店（如苹果、谷歌的应用商店）上猛烈抨击这家公司，并给它一波又一波一星的评价。更多的人威胁要卸载这款应用程序，将交易资金转移到其他地方。

这种抵制并不局限于罗宾汉用户的评价、评论和推文。据科技网站CNET报道，纽约南区已经提起诉讼，还有人威胁或者计划着要提起更多的诉讼。许多人希望罗宾汉为限制游戏驿站股票交易而付出高昂的代价，罗宾汉的行为令人质疑，他们真的只是在响应来自国家清算机构的保证金要求吗？还是真的发生了什么不法的事情？

对于躺在地下室地板上的基思来说，这些都是令人兴奋的想法。现在亿万富翁、互联网巨头、美国国会议员都在网上为了他爱上的这一只股票而互相怒骂。他想置身于纷争之外，保持自己的思想纯洁，专注于深层次的价值——但是波特努瓦和其他人提出的问题不容忽视：为什么巧合似乎总是有利于当权者？

与此同时，基思决心坚持到底。当没有其他人听他说话的时候，游戏驿站股票的价格为每股 5 美元，他喜欢它；现在它的价格接近 200 美元了，他仍然喜欢它。

罗宾汉不能永远限制买方。城堡投资、梅尔文资本和科恩拥有金钱、权力、昂贵的西装和华尔街办公室；而基思的墙上只挂着一张猫的海报，他头上只缠着一条色彩鲜艳的头巾。

基思即将发布"YOLO"投资的更新，所有的零都排成一行，逗号穿插其间，他又从零开始了。当你开始时一无所有，你也就没有什么可失去的了。

第 24 章
及时收手逃过一劫

2021 年 1 月 29 日

一天后，向南 700 英里处。

沉闷的敲门声已经持续了整整 5 分钟，杰里米才从桌子上抬起头来，他在市场收盘和《命运石之门》的牧濑红莉栖（游戏《命运石之门》的女主角）支线通关之间的某个时间把头靠在了桌上。《命运石之门》是科学冒险视觉互动小说系列中他最喜欢的一个作品，他已经玩了很多遍，所以即使对话全部是日语，他不能完全看懂，也很确定自己能理解大部分的对话内容。即便如此，这部作品充满活力的画面和叙事上的微妙转折——很大程度上侧重于一些主题，比如时间的相对性，伴随着创伤而来的分离，以及即使是最小的、看似无关紧要的行动也可能对未来产生的危险影响——也无法与压力引起的精神疲惫相提并论。当他看着华尔街有史以来最疯狂的一周中最疯狂的交易日那最疯狂的最后几分钟终于过去时，这种精神疲惫最终还是将他压倒了。

他闭着眼睛，距离桌子几英寸远，脑海中的景象来自他的交易账户，而不是笔记本电脑窗口中运行着的漫画游戏。游戏驿站股票刚刚收于每股 325 美元，低于 413.98 美元的当日高点，但仍远高于罗宾汉公司前一天首次关闭买入后的低价。尽管现在大多数限制已经解除——据商业媒体报道，罗宾汉公司正忙于在 3 天内筹集 34 亿美元的资金，以应对未来可能产生的保证金要求——但该股票并没有再次涨到近 500 美元的高点。尽管如此，杰里米的账户还是显示出了高达 6 位数的利润。

他应该跳上跳下，跳健美操，跟着日本流行音乐跳舞。但是，当敲门声越来越大时，他几乎无法睁开眼睛去怒瞪公寓的门。

"走开！"他喊道，但这似乎只是让另一边敲门的人更加坚定了。这足以让杰里米猜出是谁打扰了他自我封闭的生活。

这也意味着他别无选择。卡斯珀是不会走的，除非门坏了，放他进来。

杰里米叹了口气，然后从桌子后面的座椅上站起来，走过成堆的衣服、快递纸箱和外卖订餐用的袋子，以及占据了他和前门之间每一块空地的被丢弃的塑料水瓶。

他刚把门打开一半，卡斯珀就进来了，怀里还抱着两个沉重的购物袋，从他身边挤了过去。卡斯珀把袋子放在沙发上两个空的比萨盒之间，然后环顾四周，看到一片狼藉。

"我真的很喜欢你在这个地方的布置。我都等不及看到你上《居家周刊》的封面了。"

杰里米关上了门，真希望他的弟弟还在门的另一边。

"你想干什么，卡斯珀？"

"健康检查，伙计。"

"爸爸让你来的？"

卡斯珀摇了摇头。他绕过沙发，把其中一个购物袋推到一边，刚好给他足够的空间坐下。

"没有。卡尔发短信给我，说你错过了昨晚的课。迈克尔说你今天和昨天都没去上课。"

杰里米揉了揉眼睛。他一直忽视了朋友们的短信和电子邮件，所以他应该想到其中一个可能会联系卡斯珀。杰里米只知道，他们来过他的公寓，想知道他发生了什么事。他一天的大部分时间都在听大声播放着的音乐。

"我注意到这辆车从上周起就没动过。这意味着你也错过了核酸检测。"

杰里米骂了两句。他完全忘记了这件事。他和卡斯珀共用一辆车，这辆车停在距离杰里米公寓两个街区的车库里。停车位不是分配的，而且车库通常很满——这意味着汽车不会总停在同

第 24 章　及时收手逃过一劫　　239

一个地方。当然,卡斯珀会注意到——这孩子的脑子就像是一个文件柜。

他环顾着杰里米的房间,毫无疑问,他在琢磨杰里米把自己关在这里面多久了,他订了多少顿饭,他可能错过了多少节Zoom 线上课程。卡斯珀了解杰里米,他早就看到了桌上那一摞课本,位置还和一周前一模一样,没有打开过的痕迹,因为杰里米这几天几乎没有做任何功课。

杰里米一次又一次地向自己保证,他不会再看游戏驿站股票,也不会再浏览 WSB 论坛。反正他要坚持持有一年,所以每天的价格波动只是他可以忽略的噪声。但每当他试图专注于其他事情时——比如习题集,他就会发现自己的目光又回到了手机或笔记本电脑上,然后他就会马上回到论坛或他的罗宾汉账户。

埃隆·马斯克在推特上发布"游戏驿站挺住!!"后,他一直盯着屏幕,并目睹了收盘后价格呈螺旋上升的速度。13 个小时后,他还在上网,当时股价已经超过了每股 500 美元,他的交易账户价值已经达到了 17.5 万美元。罗宾汉发布博客文章的时候,他正在 WSB 论坛上阅读评论,一切都乱成一团。

一天之后,虽然股价勉强回升,但毫无疑问,轧空已经中断。它是否能够重现并一直维持,是否有足够的空头头寸,是否能够获得足够的"钻石手"支持,以将股票推回高位,尚不得而知。但毫无疑问,杰里米再也无法移开视线。即使是他心爱的游戏动漫也无法与游戏驿站上演的剧情相比。

"至少我知道这和女孩无关,"卡斯珀一边说,一边小心翼翼地从沙发上拿起一块没吃完的比萨,"伙计,这到底是怎么回事?"

杰里米的视线越过弟弟,瞥了一眼不远处桌子上的笔记本电脑。卡斯珀顺着他的视线看过去,虽然屏幕上最醒目的仍然是动漫,但他的公开交易账户和 WSB 论坛也同样清晰可辨,即使是在房间的另一头。

"天啊,老哥。你还没卖吗? 我让你赶紧卖掉。"

"是的,你让我以 20 美元的价格卖掉。然后你让我以 30 美元的价格卖掉。然后是 100 美元卖掉,像爸爸一样。"

"那么现在是什么情况?"

杰里米转过身,朝桌子走去。

"收盘价是 325 美元左右。"

一阵沉默。

"天哪,老哥。"

卡斯珀从沙发上站起身来,跟在杰里米身后,杰里米已经坐回了办公桌后的椅子上。

"我的意思是,"卡斯珀说,"天啊。你真富有。或者说,如果你卖掉了,你会变得很富有。"

"我不卖。"

杰里米并不是有意这么态度恶劣。此时，他的心跳速度比正常要快，他能感觉到自己的双手攥成了拳头。他不知道是什么让他如此生气。他知道弟弟只是担心他。但卡斯珀不明白发生了什么。他没有在 WSB 论坛上，夜以继日地阅读集会的口号，获得同伴情谊的支持。他不明白杰里米是论坛的一员，更是同一部落中的一员。

杰里米看过一些已经卖掉了股票的人发的帖子，那些人因为害怕而获利了结，或者因为罗宾汉的所作所为而感到被背叛，或者相信华尔街不管怎样都会找到一条胜利之路，杰里米真的感觉到了背叛，就像他父亲卖掉股票时一样。他知道这不公平，他不认识这些人，不知道他们面临着什么样的困难，也不知道投资一只股票赚几百美元、几千美元、几万美元对他们意味着什么。但他真的相信，那些仍在坚持持有的人是团结一心的。

"如果我们团结一致，继续持有，"他说，现在他的声音平静一些了，"股票价格就会上涨。"

"是的，也许吧。也可能不会。也许会跌回 40 美元、20 美元或 10 美元。但我知道的是，如果你继续这样下去，就会失去你所说的为数不多的朋友。而且你肯定会被学校开除的。"

"兄弟就是最棒的。"杰里米回应道。

卡斯珀笑了，然后他摇了摇头。

"你可以假装自己正在这样做是因为你是某个运动的一部分，

某个对你很重要的社群的一员,也许这是真的。但我了解你,杰里米,这意味着我知道事情将如何发展。"

"你这是什么意思?"

"瓶盖,老哥。"

杰里米回头看了一眼他的弟弟,他现在正靠在他的肩膀上浏览 WSB 论坛。瓶盖——这是一段在船上的回忆,那时他俩还是两个孩子,只有彼此,因为周围没有其他孩子。他们发明了许多游戏和比赛来打发空闲时间。

杰里米不确定他们当中是谁最先开始收集瓶盖的。但这个游戏几乎马上就变成了一项活动——看谁收藏得最多,拥有最好的、最奇特的盖子。每到一个小岛,他们两个都会冲在父母前面,在街道、排水沟、人行道上搜寻那些圆形的金属碎片。

几个星期内,他们两个人的收藏数量都有了惊人的增长——装满了母亲的空鞋盒、父亲没用的渔具箱,甚至是用来清洁甲板帆布的塑料桶。他们一直不相上下,直到到达巴哈马,在拿骚(巴哈马首都)停留了一个月。

在岛上的第一天,杰里米和弟弟出去找瓶盖。他们在烈日下走了一个小时,还是没有找到任何可以收藏的东西。当卡斯珀注意到他们在一家酒吧门前时,他们正站在街上——两个孩子,一个七岁,一个九岁。那地方看上去破旧不堪,窗户上挂着霓虹灯的啤酒标志。杰里米说,他们应该回到船上去,但卡斯珀只看了杰里米一眼，就跑了进去。

杰里米本应跟着卡斯珀一起进去，但他却一直待在原地。也许他害怕了，也许他觉得这是在浪费时间。卡斯珀那时才七岁，而且身无分文。但令杰里米吃惊的是，不一会儿，卡斯珀就跑了出来，脸上洋溢着灿烂的笑容，手里还拿着一瓶红带啤酒。是的，他不仅拿到了获胜的瓶盖，还拿到了整瓶啤酒。

"看！"卡斯珀说，"我错了，你是对的。你获得了轧空。你赚了超过 10 万美元。而现在你将一无所有。因为——我是出于好意啊——在这个论坛社区里的你们是一群失败者。你们的对手是鲨鱼，他们总会赢的——这就是他们要做的事。虽然现在你站起来了，但是你还会被拖下去的。"

杰里米盯着他的弟弟。

"你以为梅尔文资本会在乎社群，或者什么'运动'吗？你以为城堡投资会在乎'轮到谁了'吗？他们会割断你们所有人的喉咙，在你们的血液中跳舞，然后拿着丰厚的收益毫不犹豫地离开。他们是赢家，你们是输家。这就是为什么我知道你会在这场赌局中输掉。"

卡斯珀最后看了一眼 WSB 论坛，然后转身朝门口走去。杰里米看着他的背影，心里还想着梅尔文资本、城堡投资和瓶盖。

直到弟弟完全走出公寓门，只留杰里米一个人在房间时，他才意识到卡斯珀是对的。

***

48 小时后，杰里米又回到了自己原来的位置，但现在他站在那里，整个身体都在颤抖，他在手机屏幕上反复查看，上半身趴在键盘的旁边。他的头发乱糟糟的，房间里的音乐一直播放到晚上 11 点多。这次不是伊藤香奈子，而是 Zwei（日本女子乐队），与其说是流行音乐，倒不如说是电子摇滚乐，Megu（Zwei 乐队成员）急剧的贝斯吉他的重复片段与 Ayumu（Zwei 乐队成员）的歌声融合在一起，一波又一波的音浪撞击着杰里米公寓的墙壁，在整个生命中最漫长、最艰难的周末过后，他开始计算着开盘的时间。

一旦做出了卖出的决定，他就决定远离电脑。从他弟弟离开后，一直到周五深夜，他都一直躺在沙发上，闭着眼睛，让自己只想着游戏驿站之外的事情。

周六上午，他围绕公寓大楼散步走了 6 圈。他坐在湖边，看着鸟儿在石灰色的天空中互相追逐。他甚至在泳池边上拉起一张塑料躺椅，坐在那上面，裹得严严实实以抵御隆冬的严寒，希望他认识的人不会碰巧经过，但他知道即使有，对方也可能会避开他。不仅是因为新冠疫情，还因为杰里米的形象，他很清楚自己看起来像个疯子，因为他真的觉得自己快要发疯了。

到了下午，尽管他的初衷是好的，但最终还是回到了办公桌上的电脑屏幕前。不出所料，他在 WSB 论坛上看到的大部分帖子都出自"钻石手"，他们相互支撑，以便在接下来的一周保持强势。其中有几个帖子确实鼓舞人心。最生动的可能是用户 SomeGuyInDeutschland 发布的一个帖子，其中包含一段高清视频，视频中显示有人在时代广场购买了一块广告牌，它上面显示的文字是"$GME GO BRRR"（暗示着游戏驿站的股价将继续上涨），上面还有一个类似罗宾汉界面的股票走势图，该广告牌利用了机器印钞时所发出声音的流行模因。这个帖子很快成了版块上的热门帖和红迪网上的第二热帖。另一个帖子从个人层面来说与杰里米联系更为紧密，是一位自称 Parliament 的用户上传的一张图片，里面画有《忍者神龟》中的角色。在第一幅画面中，众乌龟中有一只还是幼年形态，乌龟的啮齿动物导师斯普林特大师正用手牵着它。在第二幅画面中，这只乌龟变成了一只肌肉发达的成年乌龟，正引导着斯普林特，而斯普林特已经年老又谦卑了。在这两幅画面中，乌龟的上方都写着"千禧一代"的字样，而在斯普林特的上方则写着"游戏驿站"。

杰里米立刻就明白了这个模因；它激起了他的怀旧之情，游戏驿站曾经是他恳求父母带他去的地方，在那里他可以待上好几个小时，查看游戏盒背面的描述，试玩游戏，阅读游戏杂志。现在轮到杰里米回报公司，表达他的感激和爱了。

但是，真正打动杰里米的是，动画电影《钢铁巨人》中一个长达一分钟的电影片段，该片段由一个名为 jeepers_sheepers 的用户发布，并被重新配上了字幕。在这个电影片段中，一个巨大的机器人飞向太空，为了保护地球和一个小孩免受导弹的袭击。通过新配的字幕，故事读起来有点不一样了：小孩现在是所有拥有游戏驿站股票的普通人，弱手（其持股成本较高，市场下跌就被迫卖出）准备卖出所持股票。钢铁巨人则代表 WSB 论坛的"钻石手"，还有导弹，代表梅尔文资本。巨人站起来想要保护孩子，因而摧毁了导弹——随之而来的爆炸中写着："破产。"

杰里米一遍又一遍地观看视频，觉得自己就像那个视频里的孩子一样——在等待市场重新开盘的那个痛苦的周末里，WSB 论坛的巨人群体一直在保护着他。

杰里米想成为历史的一部分，他希望自己能像其他人一样坚持下去——他真的觉得，如果自己卖出股票，就会让这些他不认识、永远不会见面的人失望。但他弟弟说得对——杰里米不是鲨鱼。他甚至不知道如何正确获胜。假以时日，他最终会把这场胜利变成一场失败。

此外，他对自己说，WSB 论坛的许多"钻石手"都是在他之后才加入游戏驿站的，比如股价在 100 美元、200 美元、300 美元甚至更高的时候。他们有不同的锚定位置。而他的成本价是不到 17 美元。向月球进发？他已经抵达月球了。

而现在他要证明弟弟是错的。他要赢了。

数着时间，等待上午 9 点 30 分时，他的内心充盈着电子摇滚，然后他把手指放在了罗宾汉账户的"卖出"按钮上。

总共 350 股——他以平均 17 美元多一点的价格买入——以每股 314.22 美元的价格卖出，现在总价值为 109 977 美元。

杰里米从站着的桌子前后退了几步。然后，他的整个身体开始动起来，他那僵硬的胳膊和腿随着日本音乐摇摆，就像一个被缠着吊线的牵线木偶的四肢。

他做到了。他脱手了。他在跳舞。

他会继续跳舞，直到最后，他会停下来给弟弟打电话，告诉他这个消息，然后再打电话给父亲，向他道歉。

然后他会继续跳舞。

第 25 章
何去何从

3 天之后

凤凰城天港机场上空突然聚集起几股风暴，当窄体的达美航空 A220 飞机在其中颠簸着忽上忽下时，金出现了短暂的失重状态，然后随着引擎启动，感到自己又被压回到了座位上，她周围的银色舱体穿过厚厚的云层，冲向了早晨清澈湛蓝的天空。

金戴着口罩，感到呼吸困难，看着云在她左边冰冷的椭圆形玻璃窗外散开，她能感觉到自己的心跳在加速。飞行从来没有困扰过她，在过去的 5 年里，她已经进行了十几次这样的旅行，这几乎是现代航空旅行所能做到的最完美的程度了。她通常会在早餐后不久离开凤凰城，在午餐前再回到医院工作。但就像新冠疫情这一年发生的其他事情一样，过去习以为常的事情现在却变得很陌生。

戴口罩、登机口要做体温检查、旁边的中间座位无人落座——好吧，这至少是一种进步，尽管她确信这将是新标准中持续时间最短的一项。她了解到，一些航空公司已经开始对这种贵重的、仿佛来自中世纪的空中资产进行套期保值。金只是惊讶竟然要花这么长时间。即使是致命病毒也无法在航空公司利润下滑的情况下维持很长时间，机器一如既往地需要持续运转。

现在她乘坐的飞机正在云层之上，金从窗口转过身。她的小桌板还收着，而且放置得很安全，笔记本电脑放在前座的坐椅下，但手机在自己的口袋里。她忍住要把它拿出来的冲动，因为安全带的指示灯亮着，飞机还在上升，这意味着无线网络可能还没有开启。再说才开盘了几分钟。

尽管如此，被困在地球上为数不多的与外界隔绝的地点还是很痛苦的，尤其是想到过去几天发生的一切。湍流甚至不足以描述她所经历的一切，因为罗宾汉关掉了水龙头，抑制了短暂的轧空。据她所知，当她从凤凰城飞回家的航班到达巡航高度时，她的登月火箭正像太空实验室一样，最终将在高度3万英尺以下的沙漠中形成一个撞击坑。

巧合的是，1月28日当罗宾汉对游戏驿站踩下刹车时，她正乘坐着一架类似的飞机，朝着相反的方向前进，当时游戏驿站的股价正徘徊在500美元的高点。那天早上，她差点儿取消了这次旅行，尽管这趟凤凰城之行她已经期待了近一年，为了去看望她最好的朋友安吉。

罗宾汉这一毁灭性举动之前的日子就像一场不可思议的美梦。她看着自己交易账户上的资金从最初的 5 000 美元涨到了 5 万美元，这一切都来自她以 1 600 美元左右的价格购买的 100 股游戏驿站股票。

7 天前的那个周四，当该股股价在盘前交易中达到 500 美元时，似乎没有什么能阻止其继续上涨。她向欣维解释的轧空终于如火如荼地全面开始了，1 000 美元的目标价格似乎不再是幻想。在她看来，本来只想为布莱恩支付牙套费用的钱不断上涨，可能已经足以偿还房贷，甚至可以买一辆新车了。一切似乎都有可能。

她的大多数同事都和她一起庆祝了这次成功的投资。有几个女孩甚至追随她也进入了交易，以每股 200 美元和 300 美元的价格买入了股票；一位夜班护士听说了金的好运气，在周三晚上甚至以超过 340 美元的价格买进了两股。对于他们这种收入水平的人来说，这是一个冒险的举动，但话说回来，精神病医院的注册护士又有多少机会能赚到改变人生的收益呢？

在她的朋友中，只有欣维仍然持怀疑态度，或者用他自己的话说，他很现实。

"歌利亚才刚刚开始行动。"每当欣维在休息室看到她时，都会这样说。

每一次，金都告诉欣维要放松。但最终，在周三深夜他把她打垮了，她只卖出了 5 股股票——即使在罗宾汉采取了糟糕的策略之后，她抛售了比最初投资的成本多一点的股票，剩下的 95 股也还是要经历接下来的过山车。

28 号前往机场时，她真诚地相信等她降落在凤凰城的时候，她将成为一个富有的女人。

飞机向左倾斜，然后终于扶正。安全带指示灯"叮"地一声熄灭了，紧接着是飞行员柔和的声音，让乘客们放心，他们将在一次平稳的短途飞行后返回加利福尼亚。另一件奇怪的事是，机舱里似乎很安静。也许和口罩有关，或者与共同的焦虑有关。坐飞机的时候，每个人都很紧张，但现在，比起在坠落之后发生碰撞的可能性，人们似乎更害怕机舱空气中扩散的病毒。

这两种情况金都不害怕，她已经接种了第一针疫苗。而第二种情况，她早就已经经历过了——因为不管她第一次读到罗宾汉的博客，看到 WSB 论坛上的回应时是怎么想的，游戏驿站股票的旅程都再也回不去了。

当金第一次得知罗宾汉限制买入时，其后果并没有对她造成太大影响。当然，下行压力在一定程度上减轻了轧空的压力，但她一直认为这只是暂时的，她从 WSB 论坛上发布的帖子中了解到，论坛社区决心坚持到底。任何谈论卖出股票的人都会遭到嘲笑，经受同侪压力，以及认识到这现在是一个全国性的事件，会促使数以百万计的新成员加入 WSB 论坛和游戏驿站，他们应该让火箭继续飞向天空。

一段时间以来，金一直保持着谨慎的乐观态度。1 月 29 日即周五，该股依然表现强劲，收盘价为 325 美元。在接下来的周一，也就是 2 月 1 日，它的开盘表现依然强劲——超过了 316 美元，但就在那天，情况开始恶化了。

当天收盘时，该股股价跌至 225 美元。在接下来的两天里——直线下降。到那天早上，她离开凤凰城的时候，该股的价格略高于 91 美元。这仍然比她 16 美元买入时的价格高很多，但还不到最高近 500 美元的最高点的 20%，那时候罗宾汉还没出手。

当股价跌落到 300 美元至 100 美元之间时，金才真正开始生气。欣维一直喜欢说，没有什么阴谋论是金不喜欢的，但一开始，她的想法完全不是这样的。她只是不相信，有人会像罗宾汉那样厚颜无耻地行事，就在光天化日之下让所有人都看到，是否他们的行动背后有什么邪恶的动机。但她的愤怒越强烈，在 WSB 论坛上看到的帖子和信息越多，她就越确信当你把罗宾汉的限制、Discord 的行动和 WSB 论坛的临时封锁放到一起时，这真的感觉像是一次有组织的协同攻击。

不管怎样，这肯定毁了金的一周假期。从安吉在机场接到她

第 25 章 何去何从　　253

的那一刻起，金就一直在抱怨游戏驿站股票——整整 7 天她都没有停止过。事实上，她来凤凰城是为了参加一个她和安吉力图加入的慈善组织——美国革命之女的就职派对，这只是让事情变得更糟了。当游戏驿站股价高歌猛进的时候，金曾幻想过她能给爱国事业开出支票，比如支持女性退伍军人，或者举办宣传美国宪法的教育活动。但是，考虑到她所目睹的一切，她开始越来越相信这是对公平和公平竞争环境——她将之等同于美国的爱国主义的又一次打击，这一切都让她感到莫名其妙地被玷污了。

就在周末，就连她最大的支持者安吉也告诉她，她需要拿回自己赚到的利润，然后离开，安吉一直为金参与游戏驿站的行动而感到骄傲。但不知何故，金就是不想卖出。就在当天上午，尽管股价继续下跌，但她仍然无法强迫自己抛售手中的游戏驿站股票。

安吉把她送到机场后，她一路穿过安检区，做了核酸检测——算是经过了双重安检，在登机口停下来，给她工作上的"丈夫"欣维打电话，因为就像真正的"夫妻"一样，他们总是喜欢在航班飞行前后互相通话。

令她惊讶的是，他并没有立即对她发表关于大卫和歌利亚的评论，但是电话那头的寂静让她不知怎地觉得自己更愚蠢了。她站在凤凰城机场中，美国革命之女的徽章仍然骄傲地粘贴在衣领的一角，她想，自己应该想得更清楚些。

"我是个白痴，"她对着电话说，"没事的，欣维。你可以这么说。"

他在电话的另一端停顿了一下。

"我不认为你很笨。我觉得你只是有信仰。我为你感到骄傲。"

他的话对她的打击比预料中更大。他们正在谈论游戏驿站，一家愚蠢的电子游戏公司。

"那我应该卖掉吗？"过了一会儿她问。

然后他笑了。

"我不能告诉你该做什么。没人能告诉你该做什么。"

现在，她坐在那架飞机的机舱里，在沙漠上空 3 万英尺的地方，等待着她的无线网络信号，她在思考他的话。欣维是对的，从来没有人能告诉她该怎么做。这可能就是她的生活如此混乱的原因吧。人、制度、社会 —— 一切都让她失望，但即便如此，她仍然坚定自己的信念，并且继续前进。

她的世界可能永远不公平，她的生活可能永远一团糟。但她很大程度上喜欢凌乱。

事实是，当终于等来无线网络信号时，金还是不确定要卖出还是继续持有 —— 甚至可能买入更多。

第 25 章 何去何从

# 第 26 章
稍纵即逝

2021 年 2 月 15 日

一周之后。

凌晨两点。

萨拉站在租住公寓前的砾石车道尽头,雪花正铺天盖地落下来,她把丈夫的滑雪夹克披在肩膀上,尽可能多地裹住日益隆起的腹部。她自己的夹克都不合身了,尽管她在亚马逊上浏览了好几个星期寻找孕妇装,但她不太愿意买。把钱花在使用期如此短暂的东西上似乎有些不妥。但她仔细想了想,他们现在生活中的一切——除了怀孕,不都是暂时的吗?那么,"暂时"的定义究竟是从哪里开始出现问题的呢?9 个月前?还是一年前?

萨拉不寒而栗,她把双手深深插进丈夫外套的口袋里,右手的手指触碰到了口袋里的手机，但她没有在寒风中把手机掏出来。几天来，屏幕第一次对她失去吸引力。不仅因为此时已经是周六的深夜，或者说周日的凌晨——这意味着已经休市了，甚至拥有数百万新用户的 WSB 论坛也安静了下来。还因为萨拉知道，对她而言，大部分魔咒已经被打破了。

与 WSB 论坛上的许多人不同，她从未真正屈服于虚妄、幻想或白日梦；她总是把自己的交易，作为一件脚踏实地的事情来对待，尽管它在整个大局中显得微不足道。但她让自己充满希望，而且看着股票价格飞速上涨，直冲天际，她很难不沉浸在这一刻的快感中。但是，当现实崩溃的时候——这种力量再次消失，萨拉很快又回到了过去一年中熟悉的情绪里。失望、接受、坚持，她没有卖出持有的股票，而且现在她怀疑自己是否会卖掉。

她低头看着自己的脚下，又朝着砾石望去，她知道砾石就在那里，但再也看不见了。雪才下了几个小时，积雪就已经变得非常厚重，在门前台阶的柔和光线下，一堆堆的雪花看起来就像沙丘一样。她出门的时候，就从那儿走出来。那个点儿从床上爬起来而不吵醒丈夫并不难，这是她在怀孕期间擅长的事情。她认为失眠只是另一种进化的结果，她的身体为她在孩子出生后承受的失眠做好了准备。但今晚，她并不介意。

失眠——将新事物带入世界的失眠，这只是另一个例子，说明现实正在侵入有时看似虚幻的事情。就像情人节那天来了一场暴风雪，破坏了他们原本打算开车去埃蒙湖在车上野餐的计划。

但是那个晚上一点儿也不糟糕。她的丈夫没有去野餐，而是做了晚餐，他们甚至还开了一瓶酒，鉴于她的身体状况，他不得不自己喝。这一切都显得浪漫、可爱且有趣。即使是现在，站在车道上，看着雪花飘落，她仍能想起这一切并饱含着笑意。

她的手指仍然触碰着手机，但即使这样，也不影响温暖传遍全身，尽管雪花散落在她的头发上、脸颊上，以及脖子后面裸露的皮肤上。

她持有的 10 股游戏驿站股票，价格仅为当初买入价的 1/6，但它们仍然是她的。如果这狂野的、荒谬的、不可能的旅程真的要结束了，如果这一刻真的就像围绕着她的暴风雪，或者她目前的身体状态，或者他们都在经历的那一刻一样，只是昙花一现，那么这真的会改变什么吗？

她摇了摇头，然后开始沿着积雪覆盖的车道往回走，朝着她前面的台阶走去。

即使是像她这样的现实主义者，也很难在雪夜清醒地思考。她知道，一旦暴风雨过去，事情就会变得不同，她终于可以在明亮的阳光下看清楚一切了。

第 27 章
国会听证会——"我们的一切合情合法"

2021 年 2 月 18 日

中午。

盖布·普洛特金的双眼凝视着电脑摄像头发出的冰冷光亮，等待着烟雾散去，想象着一张张排队的面孔，一个接一个，在办公室、家里、第二个家，从一个海岸到另一个海岸的城市和州。这是一张巨大的、相互联系的、由有权势的人组成的蛛网，他们为了一场直播聚集在一起，媒体将这场直播描述为：主要是调查性的。但从盖布的角度来看，它似乎更像是一场莎士比亚风格的希腊合唱，其直接目的就是坐下来进行评判。

具有讽刺意味的是，这是盖布职业生涯中最糟糕的时刻，也很可能是他一生中最痛苦的经历，最终以网络直播告终。所有时刻都会被捕捉并记录下来，任何连接到互联网的人都可以观看和使用。在职业生涯中，盖布一直在努力避免留下任何公众印象，不像他的一些同行，甚至不像他的前老板，盖布从不追求名声，也不愿意在公众面前掀起波澜。几个月以前，行业外几乎没有人听说过他。

而现在，他来到了这里，首次在世界舞台上亮相，将向那些待在家里急于知道真实情况的观众解释金融史上最大规模、速度最快的一场损失。尽管他可能会用那句以体育为基础的口头禅来安慰自己——跌倒后重新站起来的行动既证明了他的性格，又区分了伟大的人和仅仅是幸运的人，但他很难看清这场暴跌会到什么程度。现在，他被国会委员会拖到公开场合，不得不尝试解释这一切是如何发生的，而他自己还在试图消化发生了多么可怕的离谱事件。

看着电脑屏幕，他的身体僵住了。当然，那不是真的烟雾，更多的是珍珠灰色的模糊像素，当它最终消散时，露出了坐在中间的众议院金融服务委员会主席玛克辛·沃特斯。她站在一个纯白色的背景前，除了一面美国国旗和一张被她自己的面孔遮住的带框照片外，周围什么都没有。这位国会女议员看上去和以往一样严肃，她开始阐述当天听证会的主题：

"游戏停止了？当卖空者、社交媒体和散户投资者发生冲突时，谁赢谁输？"

她单刀直入：

"最近的股票市场波动使华尔街公司的制度实践成了全国关注的焦点，并引发了关于技术和社交媒体在我们市场中不断演变的作用的讨论。这些事件揭示了潜在的利益冲突和某些基金的掠夺性运作方式，也展现了社交媒体在我们市场中的巨大力量。这些事件也引出了交易游戏化、对散户投资者的潜在伤害等问题……"

沃特斯的话就像一记重拳砸在盖布的肩膀上，尽管有些人可能认为有些话是不公平的。梅尔文资本在游戏驿站的空头头寸并没有什么掠夺性。这是一场简单的、毫无争议的交易。100万年后，他也猜不到，做空一家实体的、以商店为基础、背负着巨额债务、似乎对未来没有任何真正计划的过时公司，会成为他需要辩解的事情。

"许多美国人觉得系统不利于他们，"沃特斯接着说，"无论如何，华尔街总是赢家。在这种情况下，似乎许多散户投资者的动机是希望在华尔街自己的游戏中击败华尔街。而且，考虑到许多散户投资者因金融系统的波动而蒙受损失，许多人认为系统受到了不利于他们的操纵，这种看法进一步加强……"

如果盖布没有被困在椅子上——除了他身后拉着的窗帘、阴暗的墙壁和惠普打印机，摄像机看不到任何东西，就好像他在梅尔文资本某个很少使用的贮藏室里进行广播一样——在距离被传唤做证还有几分钟时，他可能就已经终止了现场直播。散户投资者因市场波动而蒙受损失？如果 WSB 论坛团伙遭受损失，那是谁的错？是谁造成了华尔街金融系统的波动？

如果这个系统真的被操纵了，那么为什么盖布在几天之内就损失了 60 亿美元呢？

但盖布别无选择，只能静静地听着，直到轮到他取消静音。当他终于被要求发言时，出现了短暂的停顿，他的眼睛睁得大大的。面对着可以说是国会中最有权力的委员会解释清算问题，在这个奇怪的时刻，他也许会感到不适——更不用说还有数百万人在观看，在历史上这是唯一一次，观看国会直播成了所有人度过星期四下午的一个相当合理的方式。

"我想在一开始就说清楚，"在感谢委员会把他这样拖入公开会场之后，他说道，然后直指问题的核心——罗宾汉对游戏驿站买方的限制，"梅尔文资本没有参与这些交易平台的决策。事实上，在平台实施这些限制的前几天，梅尔文资本就结清了其在游戏驿站的所有头寸。和你们一样，我们也是从新闻报道中了解到这些限制的……"

没有必要把这些明显的细节联系起来——如果梅尔文资本已经卖出了它的空头头寸，他们就不会从罗宾汉限制游戏驿站股票买入中获得任何好处。如果盖布知道罗宾汉和其他经纪商会采取这样的策略，他难道不会再等一天，为自己节省下数十亿美元吗？到底谁才是这里的受害者？

"与许多报道相反，"他继续说，"梅尔文资本没有得到'救助'……城堡投资主动寻求成为新的投资者……"

城堡投资突然发现一只损失了一半价值的对冲基金是一项不错的投资，这是盖布的错吗？

"这是城堡投资'低价买入'的好机会，"盖布解释道，"毫无疑问，梅尔文资本正在度过一段困难时期……我们并没有寻求现金注入……"

这就像是用猎枪自卫，试图从过去两周在社交媒体上形成的阴谋论叙事中找出破绽。在为梅尔文资本辩护的同时，他发现自己也需要用那把猎枪来为华尔街最具争议的工具辩护。

就游戏驿站而言，这一交易的研究基础再牢固不过了。

"针对游戏驿站，我们在最近的事件之前就有了一个研究结果来支持现在的观点。事实上，梅尔文资本自6年前成立起，就一直在做空游戏驿站，因为我们相信而且现在仍然认为它的商业模式……"

但是盖布必须明白，他的大部分观众对这个理由充耳不闻。他们不需要金融教育，他们只是想找个替罪羊。虽然在审理过程中只有少数国会调查员直接将矛头指向他——他们还有其他更生动有趣的目标——但来自蒙大拿州的众议员布莱恩·路克迈尔说出了许多人的想法：

"据我所知,游戏驿站股票被卖空了140%……普洛特金先生,你在证词中说你并没有试图操纵股票。然而,如果你把一只股票卖空了140%……从表面上看,这就是你正在做的事情……请解释一下为什么这不是操纵股票。"

但该议员的目标并不是盖布,这是系统的问题。

"对我们来说,"盖布回答,"我不能和其他做空股票的人沟通。任何时候我们要做空一只股票,就会找到要借入的股票,实际上华尔街的金融系统会迫使我们找到可借入的股票,我们总是在金融系统所有规则的范围内做空股票……"

从空头的角度来看,操纵行为都发生在交易的另一边。盖布做空这只股票是因为他认为它会下跌,而其他人则因为同意这种看法而大量涌入交易——以至于股票被多次借入。显然,股价本应该继续下跌。但事实并非如此。最终,它不跌反涨,原因并不明确。一群缺乏经验、协调松散的散户投资者真的能发起这样一场轧空吗?还是说有更深层次的事情正在发生,只是尚未被发现?

如果委员会真的想了解盖布的交易哪里出了问题,他们就应该把注意力放在另一边。空头交易是合理的。

直到会议进行到 3 小时 40 分钟时,来自佛罗里达州的众议员阿尔·劳森才终于向盖布问起其对手的情况。一个业余投资者是如何像叙述的那样让市场发生翻天覆地的变化,并让盖布损失数十亿美元的。像盖布这样一个一生都是赢家的人，他知道获胜不是一件偶然的事，而是永远的事——他怎么可能被地下室里的一个普通人打败呢？

毫无疑问，自从盖布结清空头头寸以来，他每天都在问自己这个问题。现在，他第一次可以试着回答这个问题了，因为在这整个考验中，他第一次直面那个留着胭脂鱼发型、戴着头巾、几乎毁掉了他的基金的业余投资者，虽然只是通过密如蛛网的视频屏幕。

"我认为是因为他们看到了推高股票价格的机会，"盖布说，尽管他试图咽下这句话，但痛苦却写在了他眉毛上方深深的皱纹里，"如今，通过社交媒体和其他手段，人们有能力一起做到这一点，这是一个风险因素，你知道，最近一段时间之前我们还从未见过……他们利用了一个围绕空头利益的机会……"

但就在他说话的时候，他的内心开始迸发出火花。他躺在地上，受了伤，流着血——但他没有放弃。从一句话到下一句话，他似乎支撑着自己站了起来，先是跪着，然后慢慢地、更有力地站了起来。

"我们，还有梅尔文资本，我们会适应的，我认为整个行业都必须适应……"

当国会议员劳森继续问行业要如何防止这种情况再次发生时，盖布已经走上前去，抖掉了鞋子上的泥。一名战士，从垫子上站起来，再次戴上了手套。迈克尔·乔丹在一场罕见失利后，第二天走进球场，准备开始练习三分球。

"我认为市场在某种程度上会自我修正。展望未来，我认为你不会再看到股市出现今年之前的那种空头水平，像我这样的投资者不希望受这些动态因素的影响。我认为要对网站留言板进行更密切的监控，我们有一个数据科学团队将会研究这个问题。你知道，无论你们提出什么规定，我们都会遵守。"

即使在直播中，这种转变也是显而易见的。不到 1 分钟，盖布就从一个不知所措的受害者变成了一直以来的职业运动员形象。是时候接受失败继续前进了，因为他的未来还会有更多的胜利。

正如他所说，市场正在进行自我修正，华尔街的金融系统将会逐渐适应当下所处的环境。地下室里的陌生人打败了盖布，但既然这个陌生人已经暴露无遗，那他所代表的威胁就会像盖布面前屏幕上的像素一样清晰——他再也不能打败盖布了。

***

"大约 8 年前，拜住·巴特和我创建了罗宾汉。我们当时和现在一样，认为金融体系应该为所有人服务，而不是为少数人服务。"

弗拉德·特内夫以完美的姿势坐在一个低矮的书架前，书架上放着几本像《圣经》一样的书，还有几件物品，可能是古代的花瓶、器皿和骨灰盒。弗拉德·特内夫仿佛坐在浮于空中的蒲团上，在以太网中讲述着"真理"。

"我们梦想着让投资变得更容易，特别是对于没有很多钱的人来说。"

弗拉德的话语充满了信徒的激情，无论他的布道是传达给高高在上的50多名立法者，还是数百万在家中屏幕前观看的人，这都无关紧要。

"股市是强大的财富创造者，"他继续说，"但几乎一半的美国家庭——"

当主席第一次打断他的时候，所有在场的人都看到了弗拉德目瞪口呆的神情，这似乎很令人惊讶。

"特内夫先生，我希望你利用有限的时间，直接谈谈1月28日发生的事情，以及你在其中的参与情况。"

起初，弗拉德可能比开始时稍微犹豫了一些，但他试图坚持下去，迅速建立起罗宾汉神话和信息的支柱。

"我们创建罗宾汉是为了通过向所有美国人开放金融市场，在经济上赋予他们权利。我出生在保加利亚，那是一个金融体系处于崩溃边缘的国家。5岁的时候，为了寻求更好的生活，我随家人移民到美国。"

他仿佛从坐在浮空蒲团上滑行变成了在波光粼粼的水面上跳

舞，此时他又一次获得了动力。当然，他谈到了金融民主化，他平台上的教育资源，谈到了他的客户享受到的令人惊奇的小额投资、股息再投资和经常性投资。他们对蓝筹股和交易型开放式指数基金的稳定投资，在一定程度上是因为客户群体的总价值"超过了他们存入的350多亿美元的净金额"。

"我们的商业模式正在为普通美国人服务。"他补充道。尽管他把这些支柱建得很高，尽管他努力地想爬上由神话支撑的高处，但他很快就发现，打断只是第一声炮响。听证会开始10分钟后，箭矢纷飞，速度之快，犹如一场暴雨。

来自佐治亚州的众议员大卫·斯科特：

"难道你看不出来，这里发生了极其错误的事情，而你就是这件事的中心吗？你不认同这一点吗？"

来自加利福尼亚州的众议员胡安·巴尔加斯：

"罗宾汉是13世纪前后的英国民间英雄，人们认为他偷窃……劫富济贫。但在这里，你做了几乎相反的事情。现在的情况是，你从小型散户投资者那里偷了钱，然后把它给了大型机构投资者。"

国会的男女议员们从各个角度提了同一个问题的多个版本："订单流支付"是否合法？

更不用说，问这些问题的人正是那些制定金融法律法规的立法者，正是他们帮助建立了让弗拉德成为他们目标的金融系统。

很明显，他不像盖布·普洛特金，仅仅是作为事件的另一个目击者出现在那里——而是作为一个目标。这些指控伪装成问题，夹杂着政治的哗众取宠和真正的愤怒向他猛烈袭来，所有这些指控都来自1月28日以来在社交媒体上不断扩大的阴谋论。

来自纽约的国会女议员亚历山德里娅·奥卡西奥-科尔特斯在会议进行了5小时8分钟之后总结了这场问题轰击：

"特内夫先生，罗宾汉曾有过停止服务、设计失败的记录，最近似乎又出现了未能正确查明自身内部风险的情况。你之前还曾试图将责任归咎于清算所，其要求你们在几天内筹集34亿美元……考虑到罗宾汉的记录，有没有可能问题不在于清算所……而在于你根本就没有管理好自己的账目？"

随后，她转向了"订单流支付"——强调"订单流支付"伴随着相当大的利益冲突机会，此外，这种做法产生的利润——尽管允许罗宾汉提供免佣金交易——实际上意味着"罗宾汉上的交易其实从一开始就不是免费的？"

起初，尽管弗拉德立即进入了防御状态，但还是以自己能保持的最大限度的优雅姿态回答了一连串的指责性问题。他谈到了1月28日之前的事件是多么不寻常——简直匪夷所思，那天早上把他从睡梦中惊醒的保证金要求是3天前的10倍，他们是多么认真地对待限制购买游戏驿站股票的行为，但如果他们阻止用户卖出，情况就会变得多么糟糕，让他们没办法在可能需要的时候获得资金。

但在会议结束时,他的姿势变得很痛苦,他的夹克衫和领带凌乱不堪,脸颊通红。

当他最终回应奥卡西奥-科尔特斯那不屈不挠的攻击时,他说道,"当然,议员女士,罗宾汉是一家营利性企业",他显然很慌张。在听证会的另一部分,当事情不可避免地转向罗宾汉是否通过其对业余爱好者友好的应用程序"游戏化"股市时,他几乎无能为力,只能举手投降。

"听着,对于发生的事,我很抱歉,"他道歉了,不再得意扬扬,而是气喘吁吁,"我道歉。我不会说罗宾汉做的每件事都很完美……"

但用他的话来说,这种事发生的概率只有350万分之一。"这在资本市场中是前所未有的。"

他不认为这与其应用程序"游戏化"有任何关系。国会议员们把这个词当作邪恶的化身扔给他。具有讽刺意味的是,其实整个事件的核心只是一群散户试图支撑一家公司的股票,而这家公司的存在仅仅是因为美国公众对游戏的热爱。

尽管弗拉德自己不会这么说,但如果有谁把华尔街游戏化了,那就是美国人民,就是把这些国会议员推上台的人。他们是购买游戏驿站股票的人,其明确的理由就是要打倒华尔街。

最后,这一切都归结为一个问题——这种情况会再次发生吗？弗拉德确信，有了他们新的财务缓冲，即使发生这种情况，他的公司也能应付得来。但即便如此，他可能也觉得自己不是合适的人选，因为就算他的应用程序很流畅、很酷、很容易让人上瘾，他也只是一个中间商。

当然，当你是中间商时，事情出了错，你就不可避免地会处于中间；但如果华尔街被游戏化了，如果股票市场变成了某种大型电子游戏，那罗宾汉就只是个控制台而已。

对冲基金（梅尔文资本的盖布·普洛特金）和散户（地下室里戴着头巾的家伙）都是参与者。如果一个电子游戏坏了，如果它的软件突然充满了漏洞，你不会责怪游戏机，也不会责怪玩家。

你要么责怪开发游戏的人，要么责怪那些在游戏启动后能够修改代码的人。

***

"我想把话说清楚。我们没有参与罗宾汉做出的限制游戏驿站股票交易的决定……我第一次知道罗宾汉的交易限制是在公开宣布之后……"

肯·格里芬平静、谨慎、准确地对着镜头说话，很少眨眼，就好像连眨眼都是他自己慎重的选择，而不是出于必要。面对大权在握的那些众议院委员会议员，他显得很自信，尽管有些不自在。他的语气是一个那天有许多重要事情要做的人的语气，他出现在那里是因为这避无可避，他会回答国会议员提出的任何问题，但他不打算重复自己的话。

"在散户股票交易疯狂的时期，城堡证券能够在每个交易日的每一分钟都提供持续的流动性。当其他人无法或不愿处理大量交易时，城堡证券就出现了。1月27日，星期三，我们代表散户投资者执行了74亿股股票的交易过程。从这个角度来看，当天城堡证券为散户投资者执行的股票数量，超过了2019年整个美国股票市场的日均交易量。"

他身后的视觉背景显得极其机构化：墙是灰白色的，嵌着完全对称的面板，上面是一套相匹配的、灰白色的橱柜。肯的衣服两边都是等距离的盆栽植物，这些植物的叶子像受惊的藤蔓一样沿着两边垂下来。如果盆栽植物会说话，看起来它们可能会发出尖叫，或者至少会呜咽几声。整个视觉效果介于脊骨神经科医生办公室的休息室里播放的节目和推销一些可疑的糖尿病药物的广告之间。

随着听证会从开庭陈述进入调查审讯阶段，很明显肯的耐心将受到考验，也许超出了他的极限。尽管其中一些问题是善意的，但许多问题——虽然无意为之，似乎都旨在表明聚集在一起的国会委员会对城堡投资的所作所为、金融系统的实际运作情况知之甚少，也表明了为什么将肯拖到他们面前是在浪费大家时间。他显然是在玩一个他们几乎无法理解的游戏，在一个远远超出他们专业的领域。

肯像一个绝对没有用竞争对手的骨头建立王座的人一样，试图耐心地解释诸如 T+2 处理、竞争性做市商差价以及城堡证券如何通过最佳执行模式为客户节省数十亿美元等事情，他可以想象大多数提问者都退缩了，就像他身后的植物一样萎靡不振。一个简单的事实是，金融科技发展如此之快，金融系统变得如此复杂，如果不是几十年来每天都身处其中，你几乎没有机会真正了解像肯这样的人是如何推动经济发展的。这类似于来自高度复杂文明的人类学家穿越时空与某个古老的社会群体的接触，但是是这个古老的社会群体试图破译和翻译人类学家的复杂语言，而不是反过来。他们根本不会，也没有经验或工具去帮他们理解。

这可能就是大部分的愤怒和攻击都针对弗拉德和罗宾汉，只有少数国会议员觉得有足够的勇气来攻击肯的原因。弗拉德很容易成为目标，不仅因为他看起来平易近人，很有吸引力，就像你可能会发现他是自愿在巡回马戏团投篮亭里工作的那种友好的、大眼睛的人；还因为罗宾汉的所作所为——包括已经做过的，实在是太容易理解了。他们用如此简单的术语来表达自己——这就是他们的商业模式，简化、可访问、水平化，以及游戏化那些本应极其复杂的事情。

因此，当一名国会调查员——加利福尼亚州的众议员胡安·巴尔加斯，最终转向肯时，能从围绕罗宾汉及其似乎背叛用户群的简单叙述中跳出来，这也就不足为奇了：

"自1月以来，你们公司有没有人首次联系过罗宾汉公司？"

但从肯的反应来看，这似乎是一个愚蠢的问题，他可能会因为问这个问题而激怒下属：

"您是在问我们是否和罗宾汉公司有过接触？"然后他澄清了，好像这事需要澄清似的，"我们当然会在日常业务中与罗宾汉公司保持常规沟通。我们管理着他们很大一部分订单流。"

这位国会议员试图更进一步，提出实际指控：

"你们有没有和他们谈论过限制或采取任何措施阻止人们购买游戏驿站股票？"

肯的回应带着一丝活力，任何曾经见过他的人——并且离开时四肢仍然健全——都会发现这一点：

"让我把话说清楚。绝对没有。"

肯的回答如此坚定，以至于在接下来的几秒中，他没有眨眼，他的面容静止，以至于人们可能会怀疑他话筒的无线连接是否坏了。

大多数情况下，除了那些与游戏驿站事件有关的内容，对肯的提问很少。当众议员拉希达·特莱布在线上的虚拟讲台上发言时，她根本没有提到游戏驿站股票：

"众所周知，最富有的10%的人拥有84%的股票。事实上，

50%的美国家庭根本没有股票。我这样说是为了强调，对我们的许多居民来说，股市只不过是富人的赌场……当你们都搞砸了……最终买单的也是普通民众。"

由此出发，她直接提出了一个关于"高频交易"的问题，这是一种领先于市场进行交易的计算机化策略，但她的问题太复杂了，以至于肯甚至无法以尽可能让她满意的方式回答。

尽管她对一个与之相关的金融实践提出了一个重要的观点，但这一刻概括了像肯这样的人被召集来参加这样的听证会是多么荒谬。如果肯在受审——显然他不是，他会希望由能与之匹敌的人组成陪审团来进行审判。但是肯·格里芬和城堡投资没有能与之匹敌的人。

在众议员巴尔加斯对肯的提问过程中，这位国会议员在询问肯与罗宾汉的联系之前，提出了一个似乎意义重大的问题：

"格里芬先生，现在房间里有多少人和你在一起？"肯回答道——"有5个人，包括我自己。"

但这位众议员认为他已经表明了观点，像肯这样的华尔街首席执行官，身边有一群西装革履的团队保护他们，为他们提供建议，确保他们不浪费时间，比如，参加毫无意义的听证会，这只是其中的一部分。肯的身边有一个团队，因为他所做的事情非常复杂，几乎不可能将他与周围的金融系统分开。

在5个半小时的听证会结束时，毫无疑问，与会的国会议

第27章 国会听证会——"我们的一切合情合法" 275

员们并没有对 1 月那一周到底发生了什么了解得更多。毫无疑问，肯是事件的中心，因为肯和城堡投资处于美国金融市场上几乎所有事情的中心位置。但是，议员们抛向他的问题几乎不能说明什么，要么这些问题本身就不正确，要么根本就没有过正确的问题。

对于肯来说，城堡投资是否曾主动向罗宾汉施压限制游戏驿站股票的购买，这是一个很容易回答的问题——因为他们当然没有这么做过。为什么要这么做？罗宾汉的清算保证金要求使得弗拉德的公司别无选择。

"订单流支付"是否通过将罗宾汉的用户转化为城堡投资的产品而导致了利益冲突？理论上是的，但这到底是谁的错？是通过为罗宾汉提供最有效、最廉价的交易来赚钱的城堡投资吗？是赚了钱，却也因此赋予用户免费交易能力的罗宾汉吗？还是用户自己呢？他们也可以赚到钱，并且无须支付一分钱的佣金。分段"高频交易"或"超前交易"是粗略的、危险的、腐败的交易吗？天啊，几乎可以肯定是的，但到底有谁能真正理解这一切意味着什么呢？如果你真的理解了这一切，那你很可能也正在做着这样的事，而不是试图想出一连串的问题去问像肯这样的人。

也许让事情简单化会更好。虽然有一些众议员对这个话题含糊其词，但他们可以提问肯一个唯一真正适用的问题：

确切的问题就是，他为什么要向梅尔文资本——一家在几天内市值缩水一半的对冲基金——投资20亿美元？如果你不把它称为救助的话，那么不管盖布·普洛特金多有名，为什么像肯·格里芬这样的人会投资一个正在严重亏损的对冲基金？

肯与史蒂夫·科恩的竞争是否真的足以促使肯以一种可能有利的方式进入一只基金，即使那只基金刚刚经历了一场公开的，甚至可能关乎存亡的大动荡？

还是说肯支持梅尔文资本是出于其他原因？是不是还有更深层次的原因？

阴谋论者几乎肯定是错的：正如肯所证明的那样，他并没有向罗宾汉施压，要求限制购买游戏驿站股票以拯救梅尔文资本和其他卖空对冲基金——显然他不需要这样做，罗宾汉的清算要求确保了这一点。

但是，有人可能会问，难道肯和城堡投资没有充分意识到这些清算要求会有多少，以及罗宾汉需要如何应对吗？城堡投资难道不知道，1月28日周四上午，如果不与游戏驿站股票的空头交易，罗宾汉就无法满足其保证金要求吗？

如果像城堡投资这样的公司真的能够通过领先于市场交易来赚钱，那么这种情况下，像城堡投资这样的公司不是应该先于市场知道将要发生什么吗？如果他们愿意的话，难道不能以多种方式运用这些知识吗？

也许，如果提出了正确的问题——如果真的有任何正确的问题的话，肯出席听证会可能就有意义了。即使弄不清楚，我们也能够理解游戏驿站、梅尔文资本、罗宾汉和整个金融系统之间相联系的基础。

结果，肯出席了这次听证会，但提供的信息清晰度就像他身后那两株盆栽一样。事实是，从表面上看，众议院委员会并没有传唤肯回答有关游戏驿站的问题。他们传唤他是为了向自己证明，他们仍然有这个能力。

肯给了他们五个半小时的时间。他可能会觉得，这个历史性的荒谬时刻并不需要这么多时间。

毕竟，肯不是拿着猫海报和魔力8号球坐在波士顿郊区某个地下室里的年轻人。他可是城堡投资的首席执行官。

而且他还需要从事经济管理。

第 28 章
国会听证会——"我没有欺骗任何人"

摄像机又一次打开了。

"谢谢你,沃特斯主席……我很乐意与委员会讨论我购买的游戏驿站股票,以及我在社交媒体上对这些股票公允价值的讨论。我在那家公司的投资确实增值了许多倍。为此,我感到非常幸运。我还相信,目前的股价表明,我对这家公司的价值判断是正确的……"

这一刻在某种程度上既超现实又稀松平常。基思·吉尔坐在地下室的办公桌前,坐在那把《权力的游戏》中的人造皮椅上,对着他那鲜红色的麦克风讲话。白板在他身后,但现在上面只有他最喜欢的猫海报——小猫用爪子抓着悬在那儿,上面写着"坚持住!"

"有几样东西不代表我。我不是猫。我不是机构投资者。我也不是对冲基金……"

但是今天，基思头上没有系红色的大头巾，它被挂在海报的一角，在镜头中可以看见，也许是在表示，他知道这个事件有多么重要。另一个亮点是，他平时穿印着猫或电子游戏标语的彩色T恤，现在换上了一件熨烫得笔挺的夹克和系得很紧的领带。的确，这件夹克看起来就像刚从洗衣店的包里拿出来的一样，领带也很闪亮，如果把它翻过来，可能会发现它的价格标签还贴在上面。但毫无疑问，基思在很认真地对待这件事，尽管他看起来不像对手盖布·普洛特金那样，像一只被车灯照射到的笨鹿，但很明显，就像以前的儿童节目经常说的，"这里面有一个与众不同"。

"我只是一个普通人，对游戏驿站股票的投资和在社交媒体上发布的帖子都是基于我自己的研究和分析……"

自从证人名单公布以来，他就一直觉得自己和那些被召集来参加国会听证会的、非常老练的专业人士不一样。罗宾汉公司首席执行官弗拉德·特内夫，城堡投资集团首席执行官肯·格里芬，梅尔文资本首席执行官盖布·普洛特金，红迪网首席执行官兼联合创始人史蒂夫·霍夫曼。

基思·吉尔。

没有职位头衔，没有令人印象深刻的描述，甚至没有友好地写上他来自马萨诸塞州布罗克顿，只是一个叫基思·吉尔的家伙。

"完全基于公开信息的两个重要因素让我相信游戏驿站股票

被低估了。首先，市场低估了游戏驿站传统业务的前景，同时高估了其破产的可能性。我长大的过程中经常在游戏驿站玩电子游戏、买东西，我还打算继续在那里买东西……"

这个家伙，尽管罗宾汉在轧空中出手，导致游戏驿站股价大幅下跌，但他持仓的该股票仍然价值近 2 000 万美元，至少"账面上"如此。

"其次，我相信游戏驿站有潜力重塑自身，成为快速增长的 2 000 亿美元游戏产业中游戏玩家的终极目的地……"

尽管基思暂时暂停了"YOLO"的更新，以降低他（可以说是由他开始的）所带来的日益严重的影响，也开始从优兔频道的直播中抽出时间与家人在一起，以保护自己免受关注，这种关注度即使是曾经渴望发展职业体育事业的人也无法想象，但他的基本论点一直没有改变，他对游戏驿站的信念也从来没有减弱。要是没有媒体的关注，他很可能就会在原地——在镜头前表达他对游戏驿站的热爱，不管有没有国会听证会的观众。

"当我与其他个人投资者在社交媒体上撰写帖子、谈论游戏驿站股票时，我们的谈话与人们在酒吧、高尔夫球场或家里谈论、争论股票没有什么不同……"

因为他仍然相信，并且永远相信，表达自己对游戏驿站这种公司的热爱是正确的、公平的、合法的，就像股票市场本身一样，而且这真的很符合美国风格。

第 28 章 国会听证会——"我没有欺骗任何人" 281

用他自己的话来说，当他对众议院委员会的开场陈词接近尾声时，面对数百万可能正在观看直播的观众，面对这场正在上演的戏剧中的其他参与者——他第一次"会见"的盖布·普洛特金、弗拉德·特内夫、肯·格里芬，这一事实并没有带来任何影响。事实上，他一直是通过"社交媒体平台"和其他人进行交流的，不是站在华尔街办公室的会议室里，也不是通过Zoom视频软件和分析师或投资组合经理团队进行沟通。

"说我利用社交媒体向不知情的投资者推销游戏驿站股票，从而影响市场，这种想法是荒谬的。"

基思·吉尔，一个曾经将近四分钟跑完一英里的人，卡车司机和注册护士的儿子，一个成年后大部分时间处于失业状态或几乎没有工作的人，说得好像他可以哄骗任何人购买游戏驿站股票似的。

"我在网站社区发布的帖子并没有导致数十亿美元的资金流入游戏驿站股票。"

就好像基思·吉尔以一己之力发起了一场革命，几乎摧毁了华尔街的对冲基金巨头。

这是一个荒谬、疯狂的想法。像这样的一场革命，其背后的原因远比互联网底层红迪网某个角落里"人猿"和"弱智"的聚会要深刻得多。这样的一场革命来自更深层次的东西，甚至比某个地下室里的家伙，某个布罗克顿的小子，所做的深入研究还要深刻。

基思终于完成了他的证词,终于结束了五个半小时的听证会,并只回答了少数几个问题,因为说真的,他是什么大人物吗?他关掉电脑摄像头,瞥了一眼 WSB 论坛社区一个接一个闪现的评论,然后又转回到自己的交易账户。

当他看着那个漂亮的股票代码——游戏驿站股票时,它增值了 50 000 倍,对于他仍然持有的每一股股票来说,他知道接下来需要做什么。

再买一点。

因为,好吧,即使经历了这一切。

他也依然真的很喜欢这只股票。

第 29 章
全身而退的幕后胜者

麦迪逊大街 540 号，32 楼。

距离盖布·普洛特金的梅尔文资本一箭之遥，隔着五栋楼、十层高。

这是一间类似的钢结构厚玻璃的办公室，同样空荡、安静而黑暗。另一艘幽灵船漂浮在空无一人的摩天大楼海洋里，透过舷窗一样的观景窗可以俯瞰大部分仍然冰冷而死气沉沉的远景。这是另一个几乎没有生命的中心，一具尸体的心脏，就像梅尔文资本一样，不知怎么地，它仍然有一个功能正常运转的循环系统，有静脉和毛细血管，像辐条一样连接着世界各地的临时办公室和第二居所。

Senvest 资本（一家股权类对冲基金）的首席执行官理查德·马沙尔就在其中一间临时办公室，一处第二居所里，他坐在电脑前，向后靠着椅背，好让紧张的情绪从自己的脸、脖子和肩膀上消散。通常他的外表都整整齐齐，一丝不苟。但此刻，他衣冠不整，头发乱糟糟的，衬衫上的一个扣子也掉了。他的左袖卷得厉害，西装外套从椅背上滑掉到了地板上，但他一点也不在乎这一切。他看起来像是刚刚经历过一场战争，这不是空穴来风，因为他刚刚经历的事情几乎相当于一场金融战争。这是一次深刻的、改变职业生涯的经历。但与其他在五座大楼外那个中心里的同行不同，理查德并没有输掉这场战斗。恰恰相反，他的胜利如此辉煌，将作为有史以来最好的交易被载入华尔街的史册。

与华尔街的许多同行不同，理查德并不是金融名人。"马沙尔"也不是什么家喻户晓的名字，即使在对冲基金的世界里，他也不是特别出名。声名不显的一部分原因是他自己的选择。理查德和他的联合首席信息官布莱恩·高尼克并不想硬融入对冲基金圈子，即便自己的机构规模已经从20世纪90年代早期的500万美元（主要来自朋友和家人）发展到了新冠疫情前的20亿美元，虽然这规模相对来说还是有点小，但利润还是相当可观的。考虑到公司独特的投资状况，他们会这么冷淡并不令人意外。上市公司股票的逆向投资方法并不具普适性，寻找并投资那些不被赏识、被忽视、被误解，甚至不受欢迎的股票，这本质上就是一种有风险的选择。将资金投入其他大多数基金都在回避或做空的公司，是一种不稳定的策略，它带来的资产负债表从来都不是直线运行的。虽然有下跌的季度和下跌的年份，但如果理查德和他的团队选择正确，收益可能会很惊人。作为一个逆向投资者，你不需要经常保持正确，因为当你正确时，情况将是爆炸性的。

理查德逆流而上的倾向可能与他的背景有关。他在蒙特利尔长大，不是纽约。他的父亲是一位企业家，他把世界上大多数零售店的袖子和衬里上贴着的微型、无处不在的反入店行窃标签带到了加拿大，并靠此发了大财。从沃顿商学院和芝加哥大学毕业后，理查德回到了加拿大，专注于家族企业的公共股权部门，该部门后来演变成了他的基金——Senvest 资本，以他父亲的"感应式安全标签"命名，总部牢牢地扎根在世界金融之都纽约。

尽管在接下来的十年里，Senvest 资本取得的一些引人注目的胜利可能都在空头方面——尤其是 Insys Therapeutics（美国的一家专业制药公司，专注于药物输送系统）的空头头寸，据说这家生物医学公司通过与贪腐的医生建立不正当回扣关系来推销一种合成芬太尼，然而理查德和布莱恩始终对鉴别"未经加工的钻石"更感兴趣。这些公司虽然被华尔街其他机构抛弃了，但它们仍有转型的潜力。当对冲基金 Senvest 资本做多时，他们不会只是坐在场边一边观望股票行情一边祈祷——他们喜欢参与其中。当他们买入股票时，他们认为自己是公司的部分所有者，会定期与管理层接触，试图共同推动公司管理朝着对彼此都有利的方向发展。

当理查德、布莱恩和 Senvest 资本团队在去年 9 月初偶然发现游戏驿站时，该公司股票的交易价格一直徘徊在 6~7 美元，这似乎非常情有可原。世界正在迅速走向数字化，而游戏驿站却深陷实体的困境：商店、游戏卡带和磁盘、塑料游戏机。管理层也显得目光短浅，无法利用公司在快速发展的游戏领域可能拥有的天然优势。难怪这只股票具有如此巨大的空头量，任何读过商业教科书的人都能看出这家公司大厦将倾。

但理查德和布莱恩还发现了别的东西。就像迈克尔·巴里所观察到的那样，微软和 PS 游戏机即将推出新版本的游戏设备——实体游戏机，这些设备必须从某处购买，不能通过神奇的互联网下载。另外，或许更重要的是，在价值数十亿美元的在线宠物用品领域击败了亚马逊的电子商务天才瑞安·科恩，将他的资金投入了这家公司的股票中，而且，他还因一封给游戏驿站论坛的愤怒之信而卷入了这场竞争中。

对于 Senvest 资本来说，这似乎是红色海洋中的两个积极指标，表明游戏驿站转型并不像看上去那样是个疯狂的赌注。除此之外，疯狂的空头交易量——已经达到了 100% 的空头净额——本身就很吸引人。所有这些卖空者都需要从某人那里借入他们想卖出的股票，而像 Senvest 资本这样的对冲基金可以通过出借这些股票获得相当稳定的回报。

于是，理查德的团队做出了决定并开始购买这只股票。起初购买是悄无声息的，因为一家基金最不想让任何人知道的事情就是，他们正在购买自己觉得被低估了的股票。他们一点一点地增持，从一个很小的仓位开始，这并不会影响市场波动。2% 的头寸后来变成了 3%，理查德和布莱恩越是自信地认为他们找到了真实的东西，他们的脚就陷得越深。

当持有 5% 的股份时，他们被要求向美国证券交易委员会表明立场——告知公众他们在做什么，但不知何故，他们的兴趣仍然不为人知。也许是因为那时，商业媒体已经被 WSB 论坛暴徒和梅尔文资本之间发生的戏剧性事件分散了注意力。一只成立于蒙特利尔、以反商店盗窃的标签命名的小基金，不可能与这样一部可以拍成电影的、大卫和歌利亚式的叙事相媲美。

当游戏驿站股价真正开始上涨时，Senvest 资本已经获得了大约 7% 的可用股份。与瑞安·科恩对该公司的投资相比并不算多，但这足以让他们突然有了对该公司管理层的发言权——秉承公司一贯的风格，理查德和他的团队立即开始付出努力，试图推动该公司朝着他们认为可能实现的方向转型。从 2020 年年底到 2021 年 1 月初，他们尽最大努力说服游戏驿站董事会停止了与科恩的斗争，并将他带进公司。尽管 Senvest 资本的投资已经翻了一番，接着又翻了 3 倍，但他们知道，在科恩的帮助下，游戏驿站可能真的有机会成为一家电子商务巨头，而不是一家日益老化、过时的实体企业。

1 月 11 日，游戏驿站管理层已经听取了他们的建议，科恩正式加入了公司董事会，当这个利好消息传来时，理查德知道导火索已经正式点燃。随着股价的飙升——1月13日飙升至30美元，一天后涨到了40美元……很明显Senvest资本获得了巨大的胜利。问题是，他们能在这浪潮中坚持多久？

这也许是投资中最困难的部分，知道什么时候止盈。从交易的另一方理查德的立场来看，他只能猜测盖布·普洛特金和梅尔文资本看着股票上涨的时候的想法。他们最初以每股40美元左右的价格做空该公司，并在胜利浪潮中促使股价一路下跌至5美元。他们本可以带着一大笔钱离开，但令人难以置信的是，他们竟然一路推动价格反弹到了40美元甚至更高，而且显然还准备继续加倍下注。

理查德不想犯同样的错误。轧空在1月25日那周开始全面发动，他让他的交易团队做好了止盈的准备。

选择退出股票的时机既是一门艺术，也是一门科学。但在这个特殊的情况下，在这场特殊的战争最激烈的时候，那一刻对理查德的冲击就像从敌舰的大炮中发射出来的炮弹一样严重。

埃隆·马斯克的推文——游戏驿站挺住!!——1月26日下午4点8分，导致股价盘旋式走高，通过罗宾汉、城堡投资以及当天阴谋论会牵连的其他人，摧毁了所有仍然存在的空头头寸，并引发了随后的混乱局面——这是理查德所能要求的最明确的信号。

他告诉交易员，势头已经见顶，就在那时，他们准备开始抛售手中持有的大部分股票。从第二天早上的盘前交易开始，股价就一泻千里。理查德的团队分布在全国各个城市，其团队成员在各自的办公桌前，以令人眼花缭乱的速度卖出股票，理查德和布莱恩则通过电子邮件、短信和 Zoom 软件进行策划与协调。

到了那天下午，一切都结束了。Senvest 资本卖出了他们所有的股票，获利超过 7 亿美元。所有这些都是在一次交易中完成的。

在正常时期，正常情况下，他们会花一整天的时间来庆祝。香槟瓶塞飞舞，音乐声响起，人们在桌子上起舞，也许还有一两个被踢翻的彭博终端。

而现在，场面恰恰相反，只有理查德·马沙尔独自坐在办公桌前。之后，他会在海滩骑很长一段时间的自行车，也许会开始计划组织公司去帕克城滑雪团建，对他们中大多数人来说这是自新冠疫情发生以来第一次见面。

当他坐在那里的时候，他已经在思考公司的下一步行动了。当一切都变得疯狂的时候，在他们退出之前，理查德手下的一个年轻交易员曾经对他说，在红迪网论坛，业余投资者喜欢把利润称为"鸡柳"。

7 亿美元可能是一整只大鸡了。即便如此，有趣的是，当某样东西尝起来特别美味时，即使你吃了很多，也不会觉得饱。

只会欲罢不能。

后 记

2月19日,在美国国会就这场震惊世界的轧空举行听证会的第二天,基思·吉尔在WSB论坛发布了他两周多来第一次关于"YOLO"投资的更新。根据帖子所附的屏幕截图,基思在他的证词中添上了一个感叹号,并用更多的钱来支持他坚定不移的信念,即游戏驿站正在经历数字时代的开端,而非接近尾声。尽管游戏驿站的股票价格已经从接近每股500美元的高位暴跌,因为罗宾汉的行动可以说将WSB论坛推动的轧空行为限制在了40美元的低位,但基思还是通过他的帖子宣布,他一如既往地看涨,并将其持股翻了一番,达到了10万股,此外还有150万美元的看涨期权。

如果说基思发帖后的几个月里,游戏驿站股票的价格走势能表明什么的话,那就是基思并不是唯一一个钟爱这只股票的人。尽管在接下来的几天里价格还保持在40美元左右,但到周末时,游戏驿站股价再次飙升。从2月23日周三收盘时每股价格45美元左右，到2月26日收盘时达到了每股价格142.90美元的惊人高位。其突然攀升的动力来源目前尚不清楚，但可能性有很多：基思的持续支持凝聚了WSB论坛的忠实拥护者，当时WSB论坛的订阅者已接近1000万人，这非常令人惊讶。游戏驿站首席财务官吉姆·贝尔的辞职可能代表了这家公司未来战略的转变，以更符合瑞安·科恩的公司及其支持者的数字化梦想。科恩本人于24日下午1点57分在推特上发布了一条神秘的推文，其中包括一张麦当劳冰激凌蛋筒的照片和一个青蛙的表情符号。尽管科恩没有在照片中做出解释，但很多人都认为他是在告诉全世界，他打算重塑游戏驿站了，就像麦当劳修复其不可靠出了名的冰激凌机一样。

不管最初的原因是什么，游戏驿站这辆过山车又回到了轨道上。在接下来的12周内，该公司的股价一度飙升至每股283美元，并持续震荡。随着越来越多的新闻消息不断传播，声称游戏驿站终于看到了曙光，并将试图改变其基本面，与此同时，游戏驿站的估值也突然飙升。为此，游戏驿站公司卖出了350万股股票，筹集了5亿多美元，以降低其债务，并投资于专注互联网的未来。游戏驿站首席执行官乔治·谢尔曼宣布即将卸任，据报道他将获得1.79亿美元的奖金回报，这是股价飙升带来的幸福意外，而非传统意义上与业绩相关的奖励——而瑞安·科恩被任命为董事长，这表明管理层打算充分利用这一时机获得优势，因为他们的直接目标是把游戏驿站打造成电子商务巨头，这是基思·吉尔一直相信他们可以做到的事情。

在撰写本书时，游戏驿站股价仍处于159.48美元的正常水平，这使该公司的估值远远超过110亿美元。在某种程度上这一估值是否合理还有待观察。基思·吉尔的看法是否正确，游戏驿站是否能够履行其新使命，成为电子游戏领域的亚马逊，而非百视达那样的实体复古公司。或者，卖空者是否一直都有先见之明，这种受红迪网鼓舞的共同错觉终将消散，股票还是会暴跌。但更大的问题可能是：游戏驿站管理层的所作所为真的重要吗？这家公司的基本面，或者说任何一家公司的基本面，会对我们正在进入的新世界中的股价产生影响吗？在这个新世界中一群社交媒体上的业余人士能左右市场走势吗？一条精心设计的推文，或者一个特别好笑的模因表情包，或者一篇鼓舞人心的"YOLO"帖子，就能将数十亿美元转化为一家公司的估值吗？

在这样一个后游戏驿站革命的未来，还会有融化的冰块这种东西吗？还是说现在的每一只股票，也或许市场本身，都更像是一个不受控的气球呢？

当你把一根大头针插进气球时，它不会向地面坠落。它会以奇怪的角度发射出去，有时会飞到极高的高度，转悠、盘旋、摇摇摆摆，直到最终耗尽空气。然后，它可能会落回到地面；或者，它可能会无视常理和理性，被强风卷起，然后上升，上升，一直不断地向上升。

致 谢

首先，我要感谢我的孩子阿舍和阿里娅，是他们把我拉进了我们路过或开车经过的每一个游戏驿站商店。当这个故事第一次出现在新闻中时，我开始接到所有我认识的人的电话，告诉我这是我天生注定该写的东西，我已经准备好了。非常感谢我优秀的经纪人——埃里克·西蒙诺夫和马特·斯奈德，是他们给我打了两个电话，促使我进入了这个疯狂、未知、不确定的世界。我也要感谢我优秀的编辑韦斯·米勒，在这最不同寻常的几年里，他夜以继日地工作，使这本书成为我职业生涯中最棒的写作经历；还有安迪·多德，感谢他在这样一个不同寻常的时期帮助我组织了一场图书巡展。还要感谢我在好莱坞的优秀团队，感谢他们的信念、鼓励和创造力，迈克·德鲁卡从《决胜21点》开始就一直和我在一起，还有帕姆·阿布迪和凯蒂·马丁·凯利，以及超级制片人亚伦·莱德，他的电影多年来一直让我激动不已。同时，非常感谢我们的编剧——劳伦·舒克·布鲁姆和丽贝卡·安杰洛。我已经迫不及待地想看你们的下一部作品了。

这样一个项目的成败取决于它的信息来源。我很幸运得到了许多人的帮助和见解，其中大多数人需要保持匿名。特别感谢罗斯·格伯，他教给我很多关于特斯拉和金融相关的知识。还要感谢本·韦尔曼，我的推特专家——以及推特本身，还有红迪网和它们提供的资源，这些使得这本书的付梓成为可能。

最重要的是，我要一如既往地感谢托尼娅，我的秘密武器。还有阿舍、阿里娅、巴格西、贝果和我的父母——你们让这一切都变得有意义。

译后记

本书讲述了美国股市出现的一群散户和玩家逼空华尔街巨头的惊心动魄的故事。

本书具有三个方面的独特性。

一是热点话题，且话题具有延伸性。在股票市场中，散户历来是被割的"韭菜"，但这次散户战胜机构的事件，在自由金融市场上是史无前例的。这场战争也被称为"占领华尔街2.0版"，它标志着民粹主义的崛起，也暴露了美国政治精英和金融集团的虚伪。

二是可读性强。作者麦兹里奇被称为"叙事类非虚构写作的领军人物"，他掌握了大量第一手来源的资料，最大程度地还原了事件的全貌。

三是拍摄同题材电影。本书的电影版权已经卖给米高梅电影公司，散户逼空华尔街的故事被翻拍成电影《傻钱》，电影已于

2023年上映。

在翻译过程中，译者进行了大量的资料研读，并与出版社保持了良好沟通，进行多次审稿、校对。本书也得到了中央高校基本科研业务费专项资金资助项目（项目编号：23YJ090001）的支持。

在翻译和修改过程中，两位译者倾力合作完成全书的翻译。但限于时间和二人知识能力，书中不当之处恳请读者指正。